스페인어 문자, 발음

대문자	소문자	명칭		발음
A	a	a	아	아
B	b	be	베	ㅂ
C	c	ce	쎄	ㄲ, ㅆ
Ch	ch	che	체	ㅊ
D	d	de	데	ㄷ
E	e	e	에	에
F	f	efe	에페	ㅍ
G	g	ge	헤	ㄱ, ㅎ
H	h	hache	아체	ㅡ
I	i	i	이	이
J	j	jota	호따	ㅎ
K	k	ka	까	ㄲ
L	l	ele	엘레	ㄹ
Ll	ll	elle	엘예	ㄹ, 이

M	m	eme	에메	ㅁ
N	n	ene	에네	ㄴ
Ñ	ñ	eñe	에녜	니
O	o	o	오	오
P	p	pe	뻬	ㅃ
Q	q	cu	꾸	ㄲ
R	r	ere	에레	ㄹ, ㄹㄹ
S	s	ese	엣세	ㅅ
T	t	te	떼	ㄸ
U	u	u	우	우
V	v	uve	우베	ㅂ
W	w	uve doble	우베 도블레	ㅂ, 우
X	x	equis	에끼스	ㄳ, ㅅ
Y	y	i griega	이 그리에가	이
Z	z	zeta	쎄따	ㅆ

한 번만 봐도 기억에 남는

테마별 회화
스페인단어
2300

한 번만 봐도 기억에 남는

테마별 회화 ✓

스페인단어 2300

박선경 엮음

Vitamin
비타민북 Book

약 20개 나라(에스빠냐 · 멕시코 · 푸에르토리코 · 아르헨티나 · 칠레 · 콜롬비아 · 파라과이 · 베네수엘라 등)가 제1언어로 사용하며, 전세계 4억 5천만 명이 모국어로 사용하는 언어, 또한 유엔(UN)의 공식 언어(영어 · 불어 · 중국어 · 스페인어 · 러시아어 · 아랍어) 중하나, 미국에서 두 번째로 널리 쓰이는 언어, 영어와 중국어에 이어 웹 상에서 가장 많이 쓰이는 언어가 바로 스페인어(Español)입니다.

스페인에서는 ¡Buenos días! (부에노스 디아스)라는 인사로 하루가 시작됩니다. 그러나 이 인사는 비단 서유럽 이베리아 반도(유럽의 남서부 대서양과 지중해 사이에 있는 반도)에 위치한 이 나라에서만이 아닌, 대서양을 넘어 아메리카 대륙에서도, 태평양을 넘어 동북아시아에 자리잡은 고요한 아침의 나라에서도 피에스따(파티) · 씨엘로(하늘) · 에스뻬로(희망) · 띠부론(상어) · 디오스(신) 등 부분적이지만 매우 다양한 모습으로 이미 우리 곁에 다가와 있습니다.

스페인어를 말하고 쓰는 것은 그리 어렵지 않습니다. 스페인어는 발음기호 없이 쓰인 대로 읽고, 듣는 대로 받아쓸 수 있는 언어이기 때문입니다. 다만 단어마다 강세가 있으므로 강세가 있는 부분은 약간 높고, 강하게 발음해야 합니다.

이 책에서는 실생활에 쓰이는 유용한 단어들을 바탕으로 스페인어를 처음 접하더라도 무리 없이 말할 수 있게, 최대한 소리 나는 그대로 한글 발음을 표기했습니다. 참고로 스페인어는 그 사용 범위가 매우 넓어 지역 또는 국가별로 의미나 발음에서 조금씩 다른 부분이 있습니다. 그러므로 이 책에서는 단어 선별과 발음 표기에 있어, 현재 스페인에서 쓰이고 있는 스페인어를 기본으로 했습니다.

스페인어로 말하는 사람들을 만나본 적이 있나요?

언제, 어디서일지 모르지만 앞으로의 만남을 기대하며 준비하시나요?

수줍은 눈맞춤으로 끝나는 것이 아닌, 말로 표현하여 마음을 공유할 수 있는 의미 있는 만남에 이 단어장이 조금이나마 도움이 되었으면 합니다.

¡Poco a poco, pero sin pausa! (뽀꼬 아 뽀꼬, 뻬로 신 빠우사) 조금씩 조금씩, 그러나 쉼없이!

¡Ánimo! (아니모) 힘 내세요!

박선경

이 책은 본문을 9개 테마(Theme)로 나누고, 테마별로 작은 Unit을 두어 다양한 주제별 어휘(전체 어휘 약 2,300개)를 실었다.

★ 그림 단어

재미있게 단어를 외울 수 있도록 그림을 함께 실었고, 스페인어에 더욱 쉽게 접근할 수 있도록 발음을 한글로 표기하였다. 또한 각 단어 아래에는 실생활 회화에서 흔히 사용되는 짧은 문장을 실어, 그 단어가 생생하게 연상 기억될 수 있도록 하였다.

★ 관련 단어

그림 단어와 관련된 테마의 단어를 보충하여, 스페인어의 어휘를 한층 더 넓힐 수 있게 하였다.

★ 회화와 짧은 문장

테마별 상황에 관련된 짧은 회화나 단어를 이용한 문장을 실어, 스페인어로 읽고 익힐 수 있게 하였다.

★ 복습문제

Theme가 끝날 때마다 연습문제를 두어, 단어를 익힌 후에는 스스로 테스트해 볼 수 있도록 하였다.

★ 한글과 스페인어 색인(Index)

본문에 나온 어휘를 가나다 순의 한글 색인과 알파벳 순의 스페인어 색인으로 만들어, 한글과 스페인어 어느 쪽으로든 찾아보기 쉽게 배려하였다.

★ 표기법

명사 성 표기에 있어서 남성은 m, 여성은 f, 같은 단어지만 남성과 여성 두 성 동시에 쓰이는 것은 mf, 남성과 여성 동시에 쓰이지만 끝이 o/a로 달라지는 것은 myf, 항상 남성복수로 쓰이는 것은 mpl, 항상 여성 복수로 쓰이는 것은 fpl로 표기하였다.

CONTENTS

Theme

4

Theme

5

Theme

9

Index

THEMATIC SPANISH WORDS

1 인간

2 가정

3 수

4 도시

5 교통

6 업무

7 쇼핑

8 스포츠·취미

9 지역

Theme ①

→ **humano** 우마노 **인간**

cuerpo humano 꾸에르뽀 우마노 신체

> ### cabeza 까베싸 머리 부분

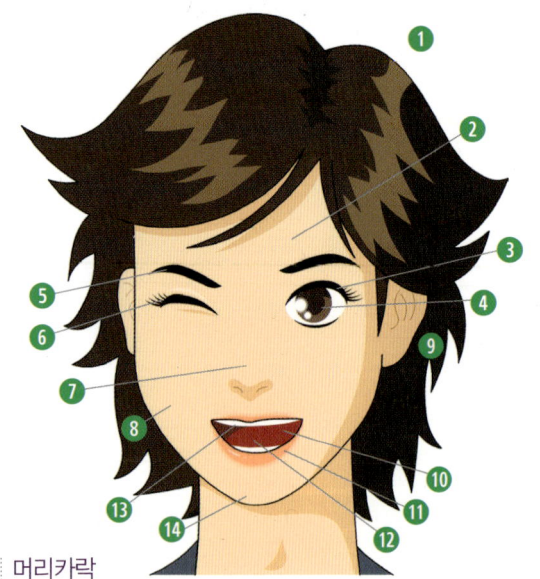

1 pelo 뻴로 m 머리카락

2 frente 프렌떼 f 이마

3 ojo 오호 m 눈

4 pupila 뿌삘라 f 눈동자

5 ceja 세하 f 눈썹

6 pestaña 뻬스따냐 f 속눈썹

7 nariz 나리스 f 코

8 pómulo 뽀물로 m 볼, 뺨

9 oreja 오레하 [f] 귀

10 boca 보까 [f] 입

11 labio 라비오 [m] 입술

12 lengua 렝구아 [f] 혀

13 diente 디엔떼 [m] 이, 치아

14 barbilla 바르비야 [f] 턱

관련 단어

□ hoyuelo 오유엘로 [m] 보조개

□ peca 뻬까 [f] 주근깨

□ arruga 아루가 [f] 주름

□ acné 악네 [m] 여드름

□ barba 바르바 [f] 수염

□ calavera 깔라베라 [f] 두개골

Diálogo

A: ¿Cómo es ella?
꼬모 에스 에야?
그녀는 어때요?

B: Ella es muy guapa.
에야 에스 무이 구아빠.
그녀는 얼굴이 예뻐요.

1 인간
2 가정
3 수
4 도시
5 교통
6 업무
7 쇼핑
8 스포츠·취미
9 자연

cuerpo frontal 꾸에르빤 쁘론딸 앞모습

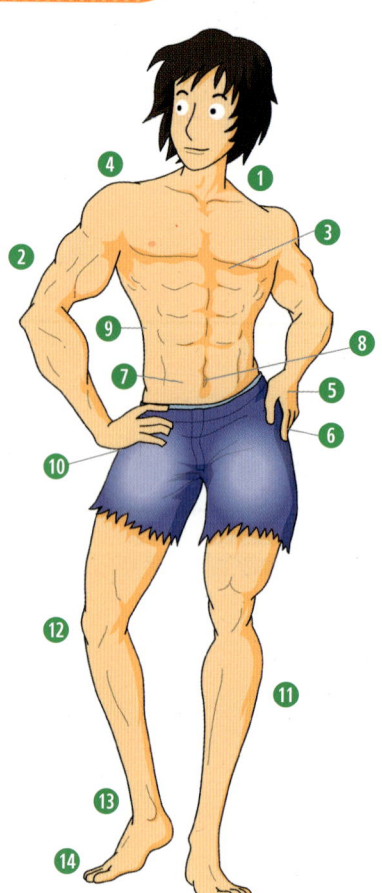

① cuello 꾸에요 m 목

② brazo 브라소 m 팔

③ pecho 뻬초 m 가슴

④ hombro 옴브로 m 어깨

⑤ mano 마노 f 손

⑥ dedo 데도 m 손가락

⑦ vientre 비엔뜨레 m 배

⑧ ombligo 옴블리고 m 배꼽

9 costilla 꼬스띠야 f 갈비뼈

10 pelvis 뻴비스 f 골반

11 pierna 삐에르나 f 다리

12 rodilla 로디야 f 무릎

13 tobillo 또비요 m 발목

14 pie 삐에 m 발

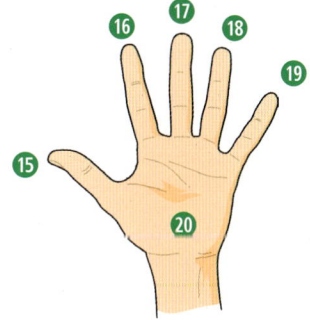

15 pulgar 뿔가르 m 엄지

16 dedo índice 데도 인디세 m 인지, 집세손가락

17 dedo corazón 데도 꼬라손 m 중지, 가운뎃손가락

18 dedo anular 데도 아눌라르 m 약지

19 dedo meñique 데도 메니께 m 소지, 새끼손가락

20 palma 빨마 f 손바닥

Diálogo

A: Tú tienes las piernas muy largas.
뚜 띠에네스 라스 삐에르나스 무이 라르가스.
너, 다리가 참 길구나!

B: Sí, además los dedos también son muy largos.
시, 아데마스 로스 데도스 땀비엔 손 무이 라르고스.
그렇지. 게다가 난 손가락도 무척 길어.

1 인간
2 가정
3 수
4 도시
5 교통
6 업무
7 쇼핑
8 스포츠·취미
9 자연

관련 단어

- □ **puño** 뿌뇨 m 주먹
- □ **muñeca** 무녜까 f 손목
- □ **uña** 우냐 f 손톱
- □ **la línea de la palma** 라 리네아 데 라 빨마 f 손금
- □ **leer la mano** 레-르 라 마노 손금을 보다
- □ **pulgar (del pie)** 뿔가르 (델 삐에) m 엄지발가락
- □ **uña del pie** 우냐 델 삐에 f 발톱

Diálogo

A: ¿No tienes las uñas muy largas?
노 띠에네스 라스 우냐스 무이 라르가스?
너 손톱 너무 길지 않니?

B: Lo sé, pero no tengo tiempo para cortármelas.
로 세, 뻬로 노 뗑고 띠엠뽀 빠라 꼬르따르메라스.
알아. 그런데 깎을 시간이 없었어.

- -

A: Ah, ¿eres zurdo?
아, 에레스 쑤르도?
어, 너 왼손잡이구나?

B: Sí, ¿no lo sabías hasta ahora?
시, 노 로 사비아스 아스따 아오라?
응, 지금까지 몰랐어?

cuerpo tracero 꾸에르뽀 뜨라쎄로 뒷모습

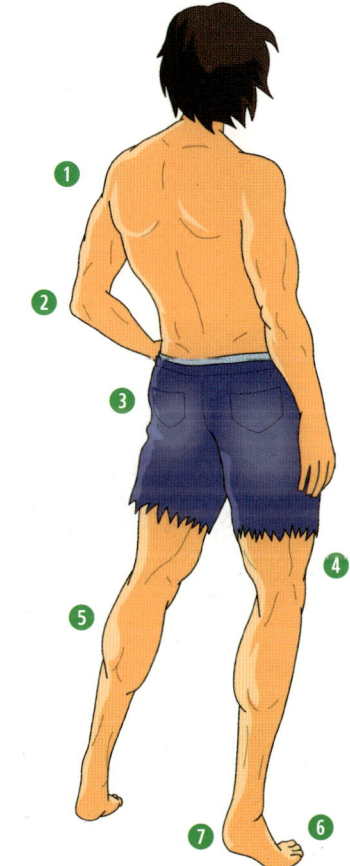

2 가정
3 수
4 도시
5 교통
6 업무
7 쇼핑
8 스포츠·취미
9 자연

❶ espalda 에스빨다 `f` 등

❷ codo 꼬도 `m` 팔꿈치

❸ cadera 까데라 `f` 엉덩이

❹ muslo 무슬로 `m` 허벅지

❺ pantorrilla 빤또리야 `f` 종아리

❻ dedos de pie 데도스 데 삐에 `m` 발가락

❼ talón 딸론 `m` 뒤꿈치

17

órganos 오르가노스 기관

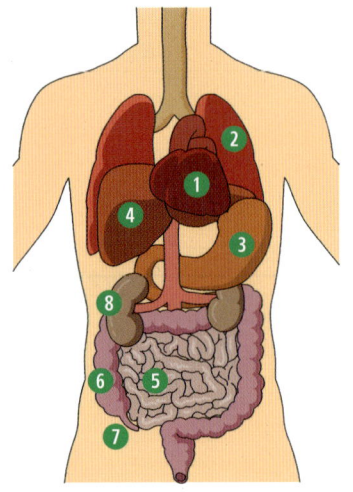

❶ **corazón** 꼬라손 ⓜ 심장

❷ **pulmón** 뿔몬 ⓜ 폐

❸ **estomago** 에스**또**마고 ⓜ 위

❹ **hígado** 이가도 ⓜ 간

❺ **intestino delgado** 인떼스**띠**노 델**가**도 ⓜ 소장

❻ **intestino grueso** 인떼스**띠**노 그루에소 ⓜ 대장

❼ **apéndice** 아**펜**디세 ⓜ 맹장

❽ **riñón** 리**뇬** ⓜ 신장

관련 단어

- □ **espina** 에스삐나 f 척추
- □ **nervio** 네르비오 m 신경
- □ **célula** 셀루라 f 세포
- □ **vaso sanguíneo** 바소 상기네오 m 혈관
- □ **sangre** 상그레 f 혈액, 피
- □ **hueso** 우에소 m 뼈
- □ **articulación** 아르띠꿀라시온 f 관절
- □ **músculo** 무스꿀로 m 근육
- □ **piel** 삐엘 f 피부
- □ **carne** 까르네 f 살

- □ **intestino** 인떼스띠노 m 장
- □ **vejiga** 베히가 f 방광

2 가정
3 수
4 도시
5 교통
6 업무
7 쇼핑
8 스포츠·취미
9 지역

familia 파밀리아 **가족**

□ **abuelo** 아부**엘**로 m 할아버지

□ **abuela** 아부**엘**라 f 할머니

El abuelo vuelve mañana.
엘 아부엘로 부엘베 마냐나.
할아버지는 내일 돌아오신다.

□ **padre** **빠**드레 m 아버지

□ **madre** 마드레 f 엄마, 어머니

Mi madre es muy guapa.
미 마드레 에스 무이 구아**빠**.
우리 엄마는 정말 예쁘다.

□ **señor** 세**뇨**르 m 아저씨

□ **señora** 세**뇨**라 f 아주머니

El señor me dio una
propina.
엘 세**뇨**르 메 디오 우나 쁘로**삐**나.
아저씨가 용돈을 주셨다.

□ **hermano mayor**
에르**마**노 마이오르 m 형, 오빠

□ **hermana mayor**
에르**마**나 마이오르 f 누나, 언니

Mi hermano y mi hermana me
miman.
미 에르**마**노 이 미 에르**마**나 메 미만.
형과 누나는 나를 귀여워한다.

1 인간

2 가정

3 수

4 도시

5 교통

6 업무

7 쇼핑

8 스포츠·취미

9 자연

☐ **hijo** 이호 m 아들

☐ **hija** 이하 f 딸

El hijo del vecino es
pequeño.
엘 이호 델 베시노 에스 뻬꼐뇨.
옆집 아들은 아직 어리다.

☐ **primo** 쁘리모 m 사촌(남)

prima 쁘리마 f 사촌(여)

☐ **sobrino** 소브리노 m 조카(남)

sobrina 소브리나 f 조카(여)

관련 단어

☐ **antepasado/a** 안떼빠사도/다 myf 조상

☐ **abuelos** 아부엘로스 mpl 조부모

☐ **padres** 빠드레스 mpl 부모

☐ **yerno** 이에르노 m 사위

☐ **marido** 마리도 m 남편

☐ **suegro** 수에그로 m 시아버지, 장인

☐ **suegra** 수에그라 m 시어머니, 장모

☐ **cuñada** 꾸냐다 f 시누이, 올케

☐ **cuñado** 꾸냐도 m 시동생, 처남

☐ **pariente** 빠리엔떼 mf 친척

☐ **vecino/a** 베시노/나 myf 이웃

vida 비다 인생

□ **nacimiento**
나시미**엔**또 m 탄생

□ **bebé** 베베 mf 아기

□ **niño/a** 니뇨/냐 myf 어린이, 꼬마

El niño está jugando alegremente.
엘 니뇨 에스따 후간도 알레그레멘떼.
꼬마가 재미있게 놀고 있구나.

□ **chico** 치꼬 m 소년
□ **chica** 치까 f 소녀

□ **juventud** 후벤뚣 f 청년

¿Dónde va ese joven ahora?
돈데 바 에세 호벤 아오라?
저 청년은 지금 어디 가는 걸까?

□ **adulto**
아둘또 m 성인

□ **anciano/a** 안시**아**노/나 myf 노인

Aunque sea viejo tendría que tener
salud.
아운께 세아 비에호 땐드리아 께 떼네르 살룯.
노인이 되어서도 건강해야 할 텐데.

□ **últimas palabras**
올띠마스 빨라브라스 [fpl] 유언

Las últimas palabras de mi abuelo
fue que viviera honestamente.
라스 울띠마스 빨라브라스 데 미 아부엘로 푸에 께
비비에라 오네스따멘떼.
할아버지의 유언은 정직하게 살라는 것이었다.

□ **funeral** 푸네랄 [m] 장례식

□ **tumba** 뚬바 [f] 무덤

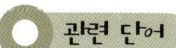
관련 단어

□ **vida** 비다 [f] 인생, 생활

□ **infancia** 인판시아 [f] 어린 시절

□ **crecer** 끄레세르 성장하다

□ **compromiso** 꼼쁘로미소 [m] 약혼

□ **boda** 보다 [f] 결혼

□ **divorcio** 디보르시오 [m] 이혼

□ **novia** 노비아 [f] 신부

□ **novio** 노비오 [m] 신랑

□ **viuda** 비우다 [f] 미망인

□ **morirse** 모리르세 죽다

□ **muerte** 무에르떼 [f] 죽음

□ **incineración** 인시네라시온 [f] 화장

1 인간
2 가정
3 수
4 도시
5 교통
6 업무
7 쇼핑
8 스포츠·취미
9 자연

amor y matrimonio
아모르 이 마뜨리모니오 **사랑과 결혼**

☐ **declarar su amor**
데끌라라르 수 아모르
사랑을 고백하다

☐ **amor no correspondido** ⓜ 짝사랑
아모르 노 꼬레스뽄디도

☐ **triángulo amoroso** ⓜ 삼각관계
뜨리앙굴로 아모로소

☐ **salir (con alguien)**
살리르 사귀다

¿Quieres salir conmigo?
끼에레스 살리르 꼰미고?
나랑 사귈래?

☐ **enamorado a primera vista (de alguien)**
엔아모라도 아 쁘리메라 비스따 첫눈에 반하다

Me he enamorado a primera vista.
메 에 에나모라도 아 쁘리메라 비스따.
난 정말 첫눈에 반했어.

24

□ **novio/a** 노비오/아 `myf` 애인

Nosotros somos novios desde hace
mucho tiempo.

노소뜨로스 소모스 노비오스 데스데 아세 무초 띠엠뽀.
우리는 정말 오래된 애인이다.

□ **casarse** 까사르세
결혼하다

□ **luna de miel**
루나 데 미엘 `f` 신혼 여행

□ **estar embarazada**
에스**따**르 엠바라**싸**다 **임신하다**

Ella está embarazada de 7 meses.

에야 에스따 엠바라싸다 데 시에떼 메세스.
그녀는 임신한 지 7개월이 되었다.

□ **discusión** 디스꾸시온 `f` 말다툼

No sé porque ellos discuten todos
los días.

노 세 뽀르께 에요스 디스꾸뗀 또도스 로스 디아스.
그들은 왜 매일 말다툼을 하는지 모르겠어.

□ **sólo un amigo** 솔로 운
아미고 / **sólo una**
amiga 솔로 우나 아**미**가
친구 (애인이 아닌)

1 인간
2 가정
3 수
4 도시
5 교통
6 업무
7 쇼핑
8 스포츠·취미
9 자연

관련 단어

- **mismo sexo** 미스모 섹소 ⓜ 동성
- **otro sexo** 오뜨로 섹소 ⓜ 이성

- **primer amor** 쁘리메르 아모르 ⓜ 첫사랑
- **encanto** 엔깐또 ⓜ 매력
- **petición de mano** 뻬띠시온 데 마노 ⓕ 프러포즈, 청혼
- **invitación de boda** 인비따시온 데 보다 ⓕ 청첩장
- **anillo de boda** 아니요 데 보다 ⓜ 결혼반지
- **recién casados** 레시엔 까사도스 ⓜⓟⓛ 신혼 부부
- **esposo/a** 에스뽀소/사 ⓜⓨⓕ 배우자
- **cuidado infantil** 꾸이다도 인판띨 ⓜ 육아

- **ponerse saber** 뽀네르세 사베르 알게 되다
- **rechazar** 레차싸르 거절하다
- **reconciliarse** 레꼰실리아르세 화해하다
- **poner cuernos** 뽀네르 꾸에르노스 양다리 걸치다

26

1 인간
2 가정
3 수
4 도시
5 교통
6 여우
7 쇼핑
8 스포츠·취미
9 자연

Joke

- El amor es la mano en la calle y

  엘 아모르 에스 라 마노 엔 라 까예 이

  el matrimonio es mantener discusiones en la calle.

  엘 마뜨리모니오 에스 만떼네르 디스꾸시오네스 엔 라 까예.

  사랑은 거리에서 서로 손을 잡는 것이고, 결혼은 거리에서 말다툼을 하는 것.

- La televisión no tiene cabida en el amor pero

  라 뗄레비시온 노 띠에네 까비다 엔 엘 아모르 뻬로

  el matrimonio es una lucha por el mando a distancia.

  엘 마뜨리모니오 에스 우나 루차 뽀르 엘 만도 아 디스딴시아.

  사랑하는 연인에겐 TV가 불필요한 존재이지만, 결혼한 부부는 리모컨을 차지하려고 싸운다

Diálogo

A: Mi amiga se casa este fin de semana.

미 아미가 세 까사 에스떼 핀 데 세마나.

내 친구 이번 주말에 결혼한대.

B: ¿Con quién se casa?

꼰 끼엔 세 까사?

어떤 사람이랑 하는데?

A: Es un chico que han estado saliendo durante 5 años.

에스 운 치꼬 께 안 에스따도 살리엔도 두란떼 씬꼬 아뇨스.

5년 동안 사귄 남자래.

B: Ah, qué envidia.

아, 께 엔비디아.

아, 정말 부럽다.

vida cotidiana 비다 꼬띠디아나 **일상생활**

☐ **despertarse**
데스**뻬르따**르세 **잠에서 깨다**

Me despierto. 내가 잠에서 깨다.

☐ **levantarse** 레반**따**르세 **일어나다**

Me levanto 내가 일어나다.
Mañana me voy a levantar a
las 6 de la mañana.
마냐나 메 보이 아 레반따르 아 라스 세이스 데
라 마냐나.
내일 아침에는 여섯 시에 일어나야지.

☐ **afeitarse** 아페이**따**르세 **면도하다**

Me afeito. 내가 면도를 하다.

☐ **peinarse el pelo**
뻬이**나**르세 엘 **뻴**로 **머리를 빗다**

Me peino el pelo.
내 머리를 빗다.

☐ **cepillarse** 세삐**야**르세 **이를 닦다**

Me cepillo. 내 이를 닦다

☐ **lavarse la cara**
라**바**르세 라 **까**라 **얼굴을 씻다.**

Me lavo la cara. 내 얼굴을 씻다.

☐ **vestirse** 베스**띠**르세 **옷을 입다**

Me visto. 내가 옷을 입다.
¿Qué me visto hoy?
께 메 비스또 오이?
오늘은 무슨 옷을 입지?

□ **ir a trabajo**
이르 아 뜨라**바**호 **출근하다**

Mi padre va al trabajo en bus.
미 **빠**드레 바 알 뜨라바호 엔 부스.
아버지는 보통 버스로 출근하신다.

□ **almorzar** 알모르**싸**르 **점심 먹다**

A las 12:00 en punto
almuerzo.
아 라스 도세 엔 뿐도 알무에르쏘.
나는 정각 12시면 점심을 먹는다.

□ **ducharse**
두**차**르세 **샤워하다**

□ **ver televisión**
베르 텔레비시**온** **텔레비전을 보다**

He comido patatas fritas mirando
la televisión.
에 꼬미도 **빠**따따스 프리따스 미란도 라 **땔**레비시온.
텔레비전을 보면서 감자 칩을 먹었다.

□ **escuchar música**
에스꾸**차**르 **무**시까 **음악을 듣다**

Muchos jóvenes escuchan
música en el metro.
무초스 호베네스 에스구찬 무시까 엔 엘 메뜨로.
많은 젊은이들은 전철에서 음악을 듣는다.

□ **acostarse**
아코스**따**르세 **잠자리에 들다**

Me acuesto. 내가 잠자리에 들다.

29

관련 단어

- **sonido** 소니도 ⓜ 소리
- **voz** 보스 ⓕ 목소리

- **escuchar** 에스꾸차르 듣다
- **oir** 오이르 들리다
- **mirar** 미라르 보다
- **coger** 꼬헤르 잡다

- **tocar** 또까르 닿다, 만지다
- **saborear** 사보레아르 맛보다

- **estudiar** 에스뚜디아르 공부하다
- **leer libro** 레르 리브로 독서하다
- **echarse una siesta** 에차르세 우나 시에스따 낮잠을 자다
- **jugar video-juegos** 후가르 비데오 후에고스 비디오 게임을 하다
- **hacer un puzle** 아세르 운 뿌즐레 퍼즐 게임을 하다
- **practicar piano** 쁘락띠까르 삐아노 피아노 연습을 하다
- **hablar por teléfono** 아블라르 뽀르 뗄레포노 전화통화를 하다
- **usar ordenador** 우사르 오르데나도르 컴퓨터를 사용하다

□ **escribir una carta** 에스끄리비르 우나 **까**르따 편지를 쓰다

□ **saltar la comba** 살**따**르 라 **꼼**바 줄넘기하다

□ **columpiarse** 꼴룸삐**아**르세 그네를 타다

□ **tirarse por tobogán**

띠**라**르세 뽀르 또보**간** 미끄럼틀을 타다

□ **trepar a un árbol** 뜨레**빠**르 아 운 **아**르볼 나무에 오르다

□ **batear la pelota** 바떼**아**르 라 **뻴로**따 공을 치다

□ **tirar la pelota** 띠**라**르 라 **뻴로**따 공을 던지다

□ **coger la pelota** 꼬**헤**르 라 **뻴로**따 공을 잡다

□ **chutar la pelota** 추**따**르 리 **뻴로**따 공을 치디

2 가정
3 수
4 도시
5 교통
6 업무
7 쇼핑
8 스포츠·취미
9 자연

fenomenos corporales

페노메노스 꼬르뽀랄레스 **생리 현상**

□ **tos** 또스 f 기침
□ **toser** 또세르 기침하다

Él vive con la tos puesta.
엘 비베 꼰 라 또스 뿌에스따.
그는 항상 기침을 달고 산다.

□ **suspiro** 수스삐로 m 한숨
□ **suspirar** 수스삐라르 한숨 짓다

□ **sudor** 수도르 m 땀
□ **sudar** 수다르 땀 흘리다

¿Por qué sudo tanto?
뽀르께 수도 딴또?
왜 이렇게 땀이 많이 나지.

□ **estornudo** 에스또르누도 m 재채기
□ **estornudar** 에스또르누다르 재채기하다

□ **lágrima** 라그리마 f 눈물

En la cara del bebe está
empapado de lagrimas.
엔 라 까라 델 베베 에스따 엠빠빠도 데
라그리마스.
아기 얼굴이 눈물로 얼룩져 있다.

□ **pedo** 뻬도 m 방귀
□ **tirarse pedo**
  띠라르세 뻬도 방귀 뀌다

□ **orina** 오리나 f 소변
□ **orinar** 오리나르 소변 보다

1 인간

2 가정

3 수

4 도시

5 교통

6 업무

7 쇼핑

8 스포츠·취미

9 자연

관련 단어

□ **respiro** 레스삐로 호흡

□ **respirar** 레스삐라르 호흡하다

□ **llorar** 요라르 울다

□ **bostezo** 보스떼쏘 m 하품

□ **bostezar** 보스떼싸르 하품하다

□ **estirarse** 에스띠라르세 기지개를 켜다

□ **hipo** 이뽀 m 딸꾹질

□ **tener hipo** 떼네르 이뽀 딸꾹질하다

□ **eructo** 에룹또 m 트림

□ **eructar** 에룩따르 트림하다

□ **saliva** 살리바 f 침, 타액

□ **babear** 바베아르 침 흘리다

□ **heces** 에세스 fpl 대변

□ **cagarse** 까가르세 대변을 보다

Diálogo

A: ¿Cuándo usted tiene hipo?
꾸안도 우스떼드 띠에네 이뽀 .
언제 딸꾹질이 나옵니까?

B: Tengo hipo cuando bebo demasiado alcohol.
뗑고 이뽀 꾸안도 베보 데마시아도 알꼬올.
술을 많이 마실 때 나옵니다.

personalidad·actitud
베르소날리닫·악띠뚣 성격 • 태도

☐ **prudente** 쁘루**뗀**떼 주의 깊은

☐ **imprudente**
임쁘루**뗀**떼 부주의한

☐ **hablador/a**
아블라**도**르/라 수다스러운
(=charlatán)

Cuando las señoras se reúnen
son muy habladoras.
꾸안도 라스 세뇨라스 세 래우넨 손 무이
아블라도라스.
아줌마들이 모이면 정말 수다스럽다.

☐ **diligente** 딜리**헨**떼 부지런하다

Mi hermana es muy diligente.
미 에르마나 에스 무이 딜리헨떼.
우리 언니는 무척 부지런하다.

☐ **maleducado/a**
말에두**까**도/다 무례한

☐ **paciente**
빠시**엔**떼 인내심이 많은

☐ **timido/a**
띠미도/다 수줍어하는

1 인간

2 가정

3 수

4 도시

5 교통

6 업무

7 쇼핑

8 스포츠·취미

9 자연

관련 단어

- □ **valiente** 발리엔떼 용감한
- □ **sabio/a** 사비오/아 지혜로운
- □ **honesto/a** 오네스또/따 정직한
- □ **perezoso/a** 뻬레쏘소/사 게으른
- □ **aburrido/a** 아부리도/다 지루한
- □ **estúpido/a** 에스뚜삐도/다 어리석은
- □ **modesto/a** 모데스또/따 겸손한
- □ **educado/a** 에두까도/다 예의바른
- □ **generoso/a** 헤네로소/사 관내한
- □ **detallista** 데따이스따 섬세한
- □ **creíble** 끄레이블레 신용할 수 있는
- □ **egoísta** 에고이스따 이기적인
- □ **cuidar** 꾸이다르 조심하다

Diálogo

A: El dueño de esa tienda es muy simpático.
앨 두에뇨 데 에사 띠엔다 에스 무이 심빠띠꼬.
저 가게 주인 참 친절하더라.

B: Asi es, yo pienso lo mismo.
아시 에스, 요 삐엔소 로 미스모.
그래, 나도 그렇게 생각했어.

aspecto 아스뻭또 **외모**

□ **peso**
뻬소 ⓜ **몸무게**

□ **gordo/a**
고르도/다 **뚱뚱한**

↔

□ **delgado/a**
델가도/다 **마른**

□ **altura**
알뚜라 ⓕ **키, 신장**

□ **alto/a**
알또/따 **키가 큰**

↔

□ **corto/a**
꼬르또/따 **키가 작은**

□ **mono/a**
모노/나 **귀여운** (= lindo)

Ese bebe, es muy lindo.
에세 베베, 에스 무이 린도.
저 아기, 무척 귀엽네.

□ **guapo/a**
구**아**쁘/빠 **예쁜**

□ **sexy** 섹시 **섹시한**
□ **atractivo/a**
아뜨락**띠**보/바 **매력적인**

□ **calvo/a**
깔보/바 myf 대머리

□ **melena**
멜레나 f 단발머리

□ **permanente**
뻬르마넨떼 f 파마머리

 관련 단어

□ **cola de cabello** 꼴라 데 까베요 f 뒤로 한 다발로 묶은 머리

□ **rostro impasible** 로스뜨로 임빠시블레 m 무표정

□ **ojos brillantes** 오호스 브리얀떼스 mpl 초롱초롱한 눈

□ **mirada en blanco** 미라다 엔 블랑꼬 mpl 멍한 표정

□ **trenza** 뜨렌싸 f 땋은 머리

Diálogo

A: ¡Hoy estás impresionante!
오이 에스따스 임쁘레시오난떼.
너 오늘 아주 끝내주는데!

B: ¿Ah, si? Gracias. ¡Pero no exageres!
아 시? 그라시아스. 뻬로 노 엑사헤레스!
그래? 고마워. 하지만 너무 흥분하지 매!

A: ¿Cuánto mide Ud.?
꾸안또 미데 우스뗃?
키가 어떻게 되세요?

B: Mido 175cm.
미도 시엔또 세뗀따 이 씬꼬.
175센티미터입니다.

1 인간
2 가정
3 수
4 도시
5 교통
6 업무
7 쇼핑
8 스포츠·취미
9 자연

sentimientos ① 센띠미엔또스 **감정 ①**

☐ **feliz** 펠리쓰 행복한

Somos una familia feliz.
소모스 우나 파밀리아 펠리쓰.
우리는 행복한 가족이에요.

☐ **triste** 뜨리스떼 슬픈

No estés tan triste porque te hayas
separado con esa persona.
노 에스떼스 딴 뜨리스떼 뽀르께 떼 아이아스 세빠라도
꼰 에사 뻬르소나.
그 사람과 헤어졌다고 너무 슬퍼하지 말아요.

☐ **tener sed** 떼네르 셋 **목마른**

☐ **calor** 깔로르 더운   ☐ **frio** 프리오 추운

☐ **agotado/a** 아고따도/다 녹초가 된

☐ **enfadado/a** 엔파**다**도/다 화난

Cuando el jefe se enfada, tengo
mucho miedo.
꾸안도 엘 헤페 세 엔파다 뗑고 뿌초 미에도.
사장님이 화내시면 정말 무서워.

☐ **cansado/a** 깐**사**도/다 피곤한, 지친

□ **tener hambre**
떼네르 암브레 배고픈

□ **estar lleno/a**
에스따르 예노/나 배부른

□ **vergonzoso/a**
베르곤쏘소/사 부끄러운

□ **asustado/a**
아수스따도/다 놀란

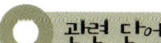

관련 단어

□ **gracioso/a** 그라시오소/사 재미있는

□ **decepcionado/a** 데셉시오나도/다 실망스러운

□ **confundido/a** 꼰푼디도/다 당황한, 헷갈리는

□ **solitario/a** 솔리따리오/아 외로운

□ **tener sueño** 떼네르 수에뇨 졸린

Diálogo

A: Te veo adormido. Ves a descansar.
떼 베오 아도르미도. 베스 아 데스깐사르.
너 졸린 것 같은데. 가서 쉬어.

B: He trasnochado para preparar el examen.
에 뜨라스노차도 빠라 쁘레빠라르 엘 엑사멘.
시험 공부하느라 밤샘했어요.

1 인간
2 가정
3 수
4 도시
5 교통
6 업무
7 쇼핑
8 스포츠·취미
9 자연

sentimientos ② 센띠미엔또스 감정 ②

□ **sabiduría** 사비두리아 f 지혜

El tiene sabiduría.
엘 띠에네 사비두리아.
그는 지혜가 있는 사람이다.

□ **valentía**
발렌**띠**아 f 용기

□ **tristeza**
뜨리스**떼**싸 f 슬픔

□ **miedo**
미에도 m 두려움

No tengas miedo y sé
valiente.
노 뗑가스 미에도 이 세 발리엔떼.
두려움에 떨지 말고 용기를 내라.

□ **sufrimiento**
수프리미**엔**또 m 고통

□ **placer**
쁠라세르 m 즐거움

□ **amor** 아모르 m 사랑

El amor de ellos es verdadero.
엘 아모르 데 에요스 에스 베르다데로.
그들의 사랑은 진실하다.

□ **depresión**
데쁘레시온 f 우울, 절망

40

□ **tentación** 뗀따시온 f 유혹   □ **libertad** 리베르딷 f 자유

□ **orgullo** 오르구요 m 자존심

□ **honestidad** 오네스띠닫 f 정직

□ **esperanza** 에스뻬란싸 f 희망

□ **preocupación** 쁘레오꾸빠시온 f 걱정

□ **odio** 오디오 m 미움

□ **tensión** 뗀시온 f 긴장

□ **arrepentimiento** 아레뻰띠미엔또 m 후회

□ **amabilidad** 아마빌리닫 f 친절

□ **agradecimiento** 아그라데시미엔또 m 감사

□ **admiración** 아드미라시온 f 감탄

□ **ideal** 이데알 m 이상

□ **verdad** 베르닫 f 진실

□ **paz** 빠쓰 f 평화

1 인간
2 가정
3 수
4 도시
5 교통
6 업무
7 쇼핑
8 스포츠·취미
9 자연

1 다음 인체 부위의 이름을 스페인어로 써보세요.

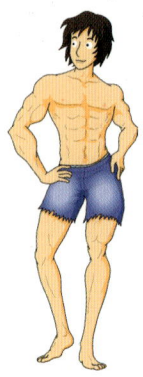

a) 눈 코 입 귀 혀   b) 어깨 팔 손가락 다리 무릎

2 다음 단어의 뜻을 써보세요.

hígado _____   sangre _____

hueso _____   músculo _____

célula _____

3 다음 빈칸에 알맞은 스페인어를 써넣어 보세요.

a) 나는 한 자매와 두 형제가 있다.

Tengo una _____ y dos _____.

b) 사위란 내 딸의 남편을 말한다.

Yerno es el _____ de mi _____ .

c) 내가 어린 시절에   En mi _____ .

d) 신랑과 신부   _____ y _____

e) 인생은 아름다워. La _____ es hermosa.

f) 탄생과 죽음 _____ y _____

g) 삼각 관계 _____

h) 당신과 결혼하고 싶어요. Quiero _____ contigo.

4 다음 단어의 뜻을 써보세요.

levantarse _____   acostarse _____

ver televisión _____   escuchar música _____

5 다음 그림과 단어를 연결해 보세요.

·   ·   ·   ·   ·

·   ·   ·   ·   ·

tos   sudor   suspiro   orina   lágrima

6 다음 빈칸에 알맞은 스페인어를 써넣어 보세요.

a) 조심해요! _____!

b) 이기적인 여자 _____

c) 예의바른 _____

7 다음을 해석해 보세요.

chico alto _____

chica mona _____

calvo _____

8 다음 빈칸에 알맞은 스페인어를 써넣어 보세요.

a) 나는 무척 목이 마릅니다. Tengo mucha _____.

b) 슬픈 영화 película _____

c) 외로운 밤 una noche _____.

d) 내 희망 mi _____

e) 정직은 최선의 방책이다. La _____ es mi mejor norma

f) 당신의 친절에 감사드립니다. Gracias por su _____.

g) 전쟁과 평화 guerra y _____

정답

1 a) ojo nariz boca oreja lengua
 b) hombro brazo dedo pierna rodilla

2 간 피 뼈 근육 세포

3 a) hermana, hermano b) marido, hija c) infancia d) novio, novia
 e) vida f) nacimiento, muerte g) triangulo amoroso h) casarme

4 일어나다 잠자리에 들다 텔레비전을 보다 음악을 듣다

5 한숨 – suspiro 기침 – tos 땀 – sudor
 눈물 – lágrima 소변 – orina

6 a) ¡cuidado!(cuidar) b) egoísta c) educado

7 키 큰 소년 귀여운 소녀 대머리

8 a) sed b) triste c) solitaria d) esperanza
 e) honestidad f) amabilidad g) paz

1 인간

2 가정

3 수

4 도시

5 교통

6 업무

7 쇼핑

8 스포츠·취미

9 자연

Theme 2

→ **hogar** 오가르 가정

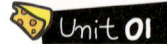
casa 까사 집

□ **apartamento**
아빠르따**멘**또 m 아파트

□ **casa** 까사 f 단독주택

Es una casa muy bonita.
에스 우나 까사 무이 보니따.
참 멋진 주택이군요.

□ **propietario/a**
쁘로삐에**따**리오/아 myf 집주인

Esta vez tenemos suerte de
encontrar a un buen propietario.
에스따 베스 떼네모스 수에르떼 데 엔꼰뜨라르 아
운 부엔 쁘로삐에따리오.
이번엔 좋은 집주인을 만나서 다행이야.

□ **inquilino/a**
인낄**리**노/나 myf 세입자

□ **alquiler** 알낄레르 m 집세

□ **alquilamiento**
알낄라미**엔**또 m 임대

46

1 인간

2 가정

3 수

4 도시

5 교육

6 업무

7 쇼핑

8 스포츠·취미

9 자연

관련 단어

- □ **residencia** 레시**덴**시아 〔f〕 거주지
- □ **dirección** 디렉시**온** 〔f〕 주소
- □ **inmueble** 인무**에**블레 〔m〕 부동산
- □ **depósito** 데**뽀**시또 〔m〕 보증금
- □ **remodelar** 레모델**라**르 개축하다
- □ **mansión** 만시**온** 〔f〕 저택
- □ **estudio** 에스**뚜**디오 〔m〕 원룸

- □ **bloque** 블로께 〔m〕 아파트의 한 동
- □ **urbanización** 우르바니싸씨**온** 〔f〕 아파트 단지
- □ **casa adosada** 까사 아도**사**다 〔f〕 연립주택
- □ **edificio de cinco plantas**
  에디**피**씨오 데 씬꼬 쁠**란**따스 〔m〕 5층 건물

Unit 02

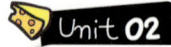

casa exterior 까사 엑스떼리오르 주택 외부

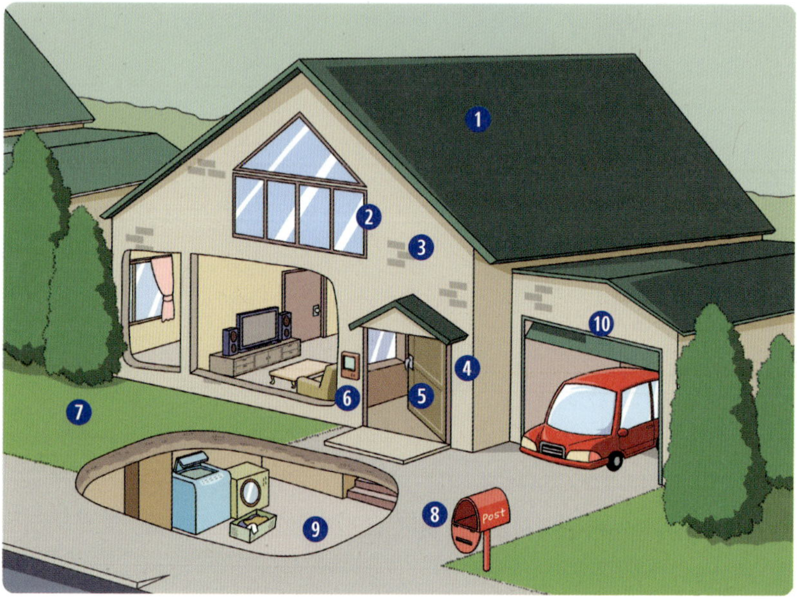

❶ techo 떼초 m 지붕

❷ ventana 벤따나 f 창문

❸ pared 빠레드 f 벽

❹ porche 뽀르체 m 현관

❺ puerta 뿌에르따 f 문

❻ timbre 띰브레 m 초인종

❼ césped 쎄스뻬드 m 잔디

1 인간

2 가정

3 수

4 도시

5 교통

6 업무

7 쇼핑

8 스포츠·취미

9 자연

❽ buzón 부쏜 [m] 우편함

❾ sótano 소따노 [m] 지하실

❿ garage 가라헤 [m] 차고

관련 단어

□ **valla** 바야 [f] 울타리, 담장

□ **placa** 쁠라까 [f] 문패

□ **patio** 빠띠오 [m] 앞마당

□ **jardín** 하르딘 [m] 정원

□ **ático** 아띠꼬 [m] 다락

□ **almacén** 알마쎈 [m] 창고

Diálogo

A: ¿Dónde puedo aparcar mi coche?
   돈데 뿌에도 아빠르까르 미 꼬체?
   차를 어디에 주차하죠?

B: Puede aparcarlo en aquel garaje.
   뿌에도 아빠르까르로 엔 아껠 가라헤.
   저 주차장을 이용하시면 됩니다.

Unit 03

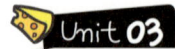

salón 살론 거실

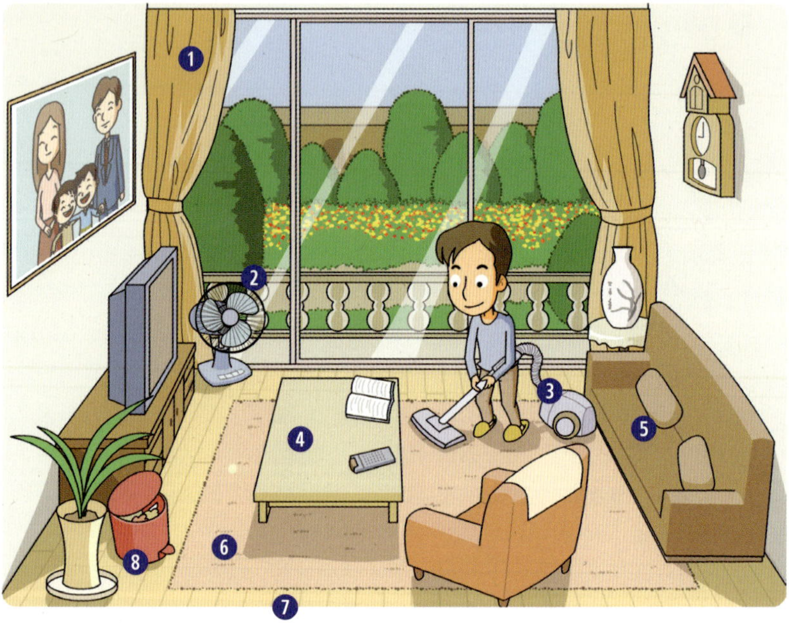

❶ cortina 꼬르띠나 f 커튼

❷ ventilador 벤띨라도르 m 선풍기

❸ aspiradora 아스삐라도라 f 진공청소기

❹ mesa 메사 f 탁자, 테이블

❺ sofá 소파 m 소파

❻ alfombra 알폼브라 양탄자

❼ suelo 수엘로 m 마루

❽ papelera 빠뻴레라 f 쓰레기통

□ **televisión**
뗄레비시온 ⓕ 텔레비전

□ **mando** 만도 ⓜ 리모컨

Este mando no funciona bien.
에스떼 만도 노 푼시오나 비엔.
이 리모컨이 잘 작동되지 않는다.

□ **foto** 포또 ⓕ 사진

□ **reloj de pared**
레로흐 데 빠레드 ⓜ 벽시계

1 인간
2 가정
3 수
4 도시
5 교통
6 업무
7 쇼핑
8 스포츠·취미
9 자연

관련 단어

□ **tccho** 떼초 ⓜ 천장

□ **pilar** 삘라르 ⓕ 기둥

□ **araña de luces** 아라냐 데 루쎄스 ⓕ 샹들리에

□ **librería** 리브레리아 ⓕ 책장

□ **cuadro** 꾸아드로 그림(=pintura)

Diálogo

A: ¡Qué desastre! ¿Tú vas a pasar la aspiradora? Yo voy a limpiar las ventanas.
꾸에 데싸스트레! 뚜 바스 아 빠사르 라 아스삐라도라? 요 보이 아 림삐아르 라스 벤따나스
엉망이구먼! 네가 바닥을 청소기로 밀래? 나는 창문을 닦을게.

B: Voy a vaciar la papelera y luego lo hago.
보이 아 바씨알 라 빠뻴레라 이 루에고 로 아고
내가 쓰레기통을 비우고 나서 그걸 할게.

cocina 꼬씨나 주방

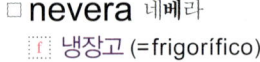
□ **fregadero**
프레가데로 m 싱크대

□ **nevera** 네베라
f 냉장고 (=frigorífico)

□ **aparador**
아빠라도르 m 찬장

□ **tetera**
떼**떼**라 f 주전자

□ **cocedor de arroz**
꼬세도르 데 아로스 m 전기밥솥

□ **sartén**
사르**뗀** f 프라이팬

□ **olla** 오야 f 냄비

□ **tostadora** 또스따도라 f 토스터
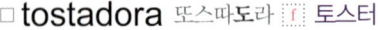

Hacemos tostadas y las comemos
con el café.
아세모스 또스따다스 이 라스 꼬메모스 꼰 엘 까페.
토스터에 빵을 구워 커피랑 먹자.

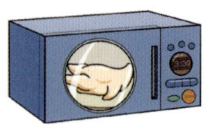

□ **microondas**
미크로온다스 m 전자레인지

□ **bol** 볼 m 그릇

□ **plato** 쁠라또 m 접시

□ **taza** 따싸 f 컵(=vaso)

Cuando veo un vaso bonito quiero comprarlo.
꾸안도 베오 운 바소 보니또 끼에로 꼼쁘라르로.
나는 예쁜 컵만 보면 사고 싶다.

□ **cuchillo** 꾸치요 m 식칼

□ **tabla de recorte** 따블라 데 레꼬르떼 f 도마

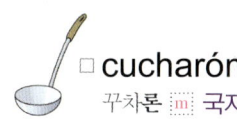
□ **cucharón** 꾸차론 m 국자

관련 단어

□ **cuchara** 꾸차라 f 숟가락

□ **tenedor** 떼네도르 m 포크

□ **palillos** 빨리요스 mpl 젓가락

□ **horno** 오르노 m 오븐

□ **batidora** 바띠도라 f 믹서

□ **cacerola** 까쎄롤라 f 작은 냄비

□ **paño de cocina** 빠뇨 데 꼬씨나 m 행주

Diálogo

A: ¿Podría beber un poco de agua?
쁜드리아 베베르 운 뽀고 데 아구아?
물 좀 마시고 싶은데.

B: La nevera está allí. Todo está dentro de la nevera. Sírvete tu mismo.
라 네베라 에스따 아이. 또도 에스따 덴뜨로 데 라 네베라. 시르베떼 뚜 미스모.
냉장고가 저쪽에 있어. 안에 다 있어. 마음대로 마셔.

1 인간
2 가정
3 수
4 도시
5 교통
6 업무
7 쇼핑
8 스포츠·취미
9 자연

cuarto de baño 꾸아르또 데 바뇨 욕실

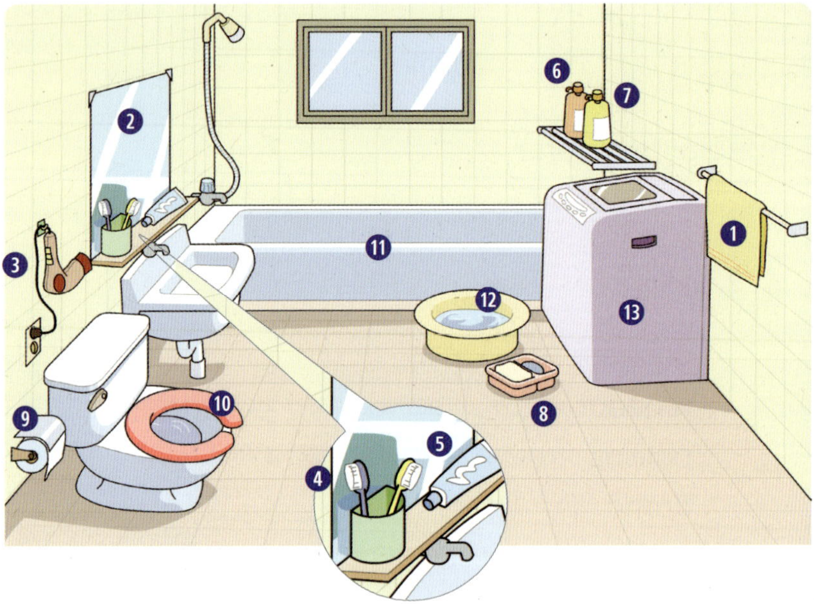

❶ **toalla** 또아야 [f] 수건, 타월

❷ **espejo** 에스뻬호 [m] 거울

❸ **secadora** 세까도라 [f] 헤어드라이어

❹ **cepillo de dientes** 세삐요 데 디엔떼스 [m] 칫솔

❺ **pasta de dientes** 빠스따 데 디엔떼스 [f] 치약

❻ **champú** 샴푸 [m] 샴푸

❼ **enjuague** 엔후아게 [m] 린스(=suavizante)

❽ **jabón** 하본 [m] 비누

54

❾ **papel higiénico** 빠뻴 이히에니꼬 ⓜ 화장지

❿ **asiento del váter** 아시엔또 델 바떼르 ⓜ 변기

⓫ **baño** 바뇨 ⓜ 욕조

⓬ **lavamanos** 라바마노스 ⓜ 세숫대야, 세면기

⓭ **lavadora** 라바도라 ⓕ 세탁기

관련 단어

- **tapón** 따뽄 ⓜ (배수) 마개
- **desagüe** 데스아구에 ⓜ 배수구
- **cabezal de la ducha** 까베쌀 데 라 두차 ⓜ 샤워기
- **gripo** 그리뽀 ⓜ 수도꼭지
- **pinza** 삔싸 ⓕ 빨래집게
- **detergente** 데떼르헨떼 ⓜ 세제

1 인간
2 가정
3 수
4 도시
5 교통
6 업무
7 쇼핑
8 스포츠·취미
9 자연

dormitorio 도르미또리오 **침실**

❶ cama 까마 r 침대

❷ almohada 알모아다 r 베개

❸ sabana 사바나 r 침대보

❹ manta 만따 r 담요, 모포

❺ lámpara 람빠라 r 스탠드

❻ escritorio 에스끄리또리오 m 책상

❼ silla 시야 r 의자

❽ cajón 까혼 m 서랍

1 인간

2 가정

3 수

4 도시

5 교통

6 업무

7 쇼핑

8 스포츠·취미

9 자연

관련 단어

- □ **despertador** 데스뻬르따도르 m 알람시계
- □ **humidificador** 우미디피까도르 m 가습기

- □ **armario** 아르마리오 m 옷장
- □ **tocador** 또까도르 m 화장대

- □ **cama individual** 까마 인디비두알 f 싱글베드, 1인용 침대
- □ **cama matrimonial** 까마 마뜨리모니알 f 더블베드, 2인용 침대
- □ **litera** 리떼라 f 2단 침대

Diálogo

A: ¡Qué habitación más sucia!
께 아비따씨온 마스 수씨아.
방이 엄청 더럽잖아!

B: Ya lo sé. Pero no tengo tiempo para limpiarla.
야 로 세. 뻬로 노 뗑고 띠엠뽀 빠라 림삐아르라.
알고 있어. 그런데 치울 시간이 없네.

A: Entonces, yo voy a ayudarte.
엔똔세스, 요 보이 아 아이유다르떼.
그럼 내가 도와줄게.

B: ¡Gracias!
그라시아스.
고마워.

habitación de bebé
아비따시온 데 베베 **아기 방**

□ **juguete** 후게떼 m 장난감

Hoy ha jugado bien con el juguete.
오이 아 후가도 비엔 꼰 엘 후게떼.
오늘은 장난감을 가지고 잘 놀았어요.

□ **orinal** 오리날 m 유아용 변기

Ya es la hora de utilizar el orinal infantil.
야 에스 라 오라 데 우띨리싸르 엘 오리날 인퐌띨.
이제 유아용 변기를 사용할 때가 되었어요.

□ **peluche** 뻴루체 m 곰인형

El osito de peluche es el preferido de mi bebe.
엘 오시또 데 뻴루체 에스 엘 쁘레페리도 데 미 베베.
곰인형은 우리 아기가 가장 좋아한다.

□ **cuna** 꾸나 f 요람

El bebe está durmiendo en su cuna.
엘 베베 에스따 두르미엔도 엔 수 꾸나.
아기가 요람에서 자고 있다.

□ **andador** 안다도르 m 보행기

1 인간

2 가정

3 수

4 도시

5 교통

6 업무

7 쇼핑

8 스포츠·취미

9 자연

관련 단어

□ **biberón** 비베론 m 젖병

□ **sonajero** 소나헤로 m 딸랑이

□ **muñecas** 무네까스 m 인형

□ **colchón** 꼴촌 m 침대 완충대

□ **trona** 뜨로나 f 유아 의자

□ **móvil** 모빌 m 모빌

□ **columpio** 꼴룸삐오 m 그네

□ **cochecito** 꼬체씨또 m 유모차

□ **arca de juguetes** 아르까 데 후게떼스 f 장난감 상자

□ **mono** 모노 m 멜빵바지

Diálogo

A: Quiero comprar un cochecito de bebe.
끼에로 꼼쁘라르 운 꼬체씨또 데 베베.
유모차를 사려고 하는데요.

B: ¿Qué tiene pensado? ¿Éste le gusta?
께 띠에네 뺀사도? 에스떼 레 구스따?
그러세요? 이거 어떠세요?

A: Bueno, tiene buena pinta.
부에노, 띠에네 부에나 삔따.
음, 좋아 보이네요.

cosas sueltas 꼬사스 수엘따스 공구·잡화

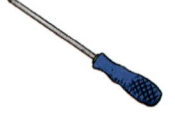

□ **destornillador**
데스또르니야**도**르 ⓜ 드라이버

□ **sierra mecánica**
시**에**라 메**까**니까 ⓕ 전기톱

□ **alicate**
알리**까**떼 ⓜ 펜치

□ **tijeras**
띠헤라스 ⓕⓟⓛ 가위

□ **sierra** 시에라 ⓕ 톱

□ **hacha**
아차 ⓕ 도끼

□ **martillo**
마르**띠**요 ⓜ 망치

□ **clavo** 끌**라**보 ⓜ 못

Él ha clavado un clavo en
la pared con el martillo.
엘 아 끌라바도 운 끌라보 엔 라 빠렏 꼰
엘 마르띠요.
그는 망치로 벽에 못을 박았다.

□ **pala** **빨**라 ⓕ 삽

□ **escalera**
에스깔**레**라 ⓕ 사다리

□ **recogedor**
레꼬헤**도**르 [m] 쓰레받기

Con la escoba y el recogedor he barrido.
꼰 라 에스꼬바 이 엘 레꼬헤도르 에 바리도.
쓰레받기에 빗자루로 쓰레기를 쓸어 담았다.

□ **escoba**
에스**꼬**바 [f] 빗자루

1 인간
2 가정
3 수
4 도시
5 교통
6 업무
7 쇼핑
8 스포츠·취미
9 자연

관련 단어

□ **destornillador en cruz**
데스또르니야**도**르 엔 **끄**루쓰 [m] 십자 드라이버

□ **cuerda** 꾸**에**르다 [f] 줄

□ **cinta métrica** **씬**따 **메**뜨리까 [f] 줄자

□ **alambre** 알**람**브레 [m] 철사

□ **pico** **삐**꼬 [m] 곡괭이

□ **pegamento** 뻬가**멘**또 [m] 본드, 접착제

□ **bolsa** **볼**사 [f] 비닐 봉지

□ **enchufe** 엔**추**페 [m] 전기콘센트

□ **cubo** **꾸**보 [m] 양동이

□ **hilo** **일**로 [m] 실

□ **aguja** 아**구**하 [f] 바늘

□ **trapo (del polvo)** **뜨라**뽀 (델 **뽈**보) 걸레 (=trapo de sacudir)

□ **basura** 바**수**라 [f] 쓰레기

1 다음 빈칸에는 알맞은 스페인어를 써넣고, 스페인어는 해석해 보세요.

a) 나는 아파트에 삽니다.

　　Yo vivo en un _____.

b) 단독주택　_____

c) alquiler _____　　propietario _____

　　inquilino _____

2 다음 단어를 스페인어 혹은 우리말로 고쳐 보세요.

a) 지붕　_____　　　앞마당　_____

　　다락　_____　　　정원　_____

　　잔디　_____

b) cortina _____　　sofá _____

　　suelo _____　　　ventilador _____

c) espejo _____　　jabón _____

　　baño _____　　　pasta de dientes _____

　　toalla _____

d) 침대　_____　　　베개　_____

　　옷장　_____　　　서랍　_____

　　화장대　_____

3 다음 그림과 단어를 연결해 보세요.

・　　　　　　・　　　　　　・　　　　　　・

・　　　　　　・　　　　　　・　　　　　　・

tetera　　　　bol　　　　cucharón　　　microondas

4 다음 보기에서 단어를 골라 빈칸에 써넣어 보세요.

a) juguete　cuna　　biberón　columpio　muñecas
b) clavo　　martillo　hacha　sierra　　pala

a) 그네 _____　　요람 _____　　장난감 _____

　　젖병 _____　　인형 _____

b) 톱 _____　　　망치 _____　　못 _____

　　삽 _____　　　도끼 _____

THEMATIC SPANISH WORDS

Theme ③

→ **números** 누메로스 수

1 인간

2 가정

3 수

4 도시

5 교통

6 업무

7 쇼핑

8 스포츠·취미

9 자연

números 누메로스 숫자

□ **0** cero 쎄로

□ **1** uno 우노

□ **2** dos 도스

□ **3** tres 뜨레스

□ **4** cuatro 꾸아뜨로

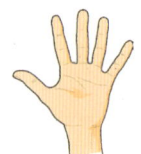

□ **5** cinco 씬꼬

□ **6** seis 세이스

□ **7** siete 시에떼

□ **8** ocho 오초

□ **9** nueve 누에베

□ **10** diez 디에스

□ 11 once 온세
□ 12 doce 도세
□ 13 trece 뜨레세
□ 14 catorce 까또르세
□ 15 quince 낀세

□ 16 dieciséis 디에씨세이스
□ 17 diecisiete 디에씨시에떼
□ 18 dieciocho 디에씨오초
□ 19 diecinueve 디에씨누에베
□ 20 veinte 베인떼

□ 30 treinta 뜨레인따
□ 40 cuarenta 꾸아렌따
□ 50 cincuenta 씬꾸엔따
□ 60 sesenta 세센따

□ 70 setenta 세뗀따
□ 80 ochenta 오첸따
□ 90 noventa 노벤따
□ 100 cien 씨엔 (1백)

□ 1,000 mil 밀 (1천)
□ 10,000 diez mil 디에스 밀 (1만)
□ 100,000 cien mil 씨엔 밀 (10만)
□ 1,000,000 un millón 운 미욘 (백만)
□ 10,000,000 diez millones 디에스 미요네스 (천만)

□ 0.3 cero coma tres 쎄로 꼬마 뜨레스
□ 1/5 un quinto 운 낀또
□ 70% setenta por ciento 세뗀따 뽀르 씨엔또

1 인간
2 가정
3 수
4 도시
5 교통
6 업무
7 쇼핑
8 스포츠·취미
9 자연

관련 단어

- □ **número impar** 누메로 임**빠**르 ⓜ 홀수
- □ **número par** 누메로 **빠**르 ⓜ 짝수
- □ **números cardinales** 누메로스 까르디날레스 기수
- □ **números ordinales** 누메로스 오르디날레스 서수
- □ **intestino** 인떼스**띠**노 ⓜ 분수

- □ **es más grande que** 에스 마스 그란데 께 ~보다 크다
- □ **es más pequeño que** 에스 마스 뻬께뇨 께 ~보다 작다
- □ **es igual a/que~** 에스 이구알 아/께 ~와 같다
- □ **es desigual a/que~, no es mismo que~**
  에스 데스이구알 아/께, 노 에스 미스모 께~ ~와 같지 않다

- □ **contar** 꼰**따**르 세다, 계산하다
- □ **duplicar** 두쁠리**까**르 두배로 하다
- □ **media** 메디아 ⒡ 평균

Diálogo

A: ¿Me puedes dar tu número de telefono?
메 뿌에데스 다르 뚜 누메로 데 뗄레포노?
네 전화번호 좀 가르쳐 줄래?

B: Desde luego! Es el 010-123-4567.
(cero uno cero uno dos tres cuatro cinco seis siete)
데스데 루에고! 에스 엘 쎄로 우노 쎄로, 우노 도스 뜨레스, 꾸아뜨로 씬꼬
세이스 시에떼.
물론이지! 010-123-4567이야.

A: ¿El pulpo tiene ocho pies?
  엘 뿔뽀 띠에네 오초 삐에스?
  문어 다리가 여덟 개니?

B: Como me lo preguntas de repente me confundo, ¿no son nueve?
  꼬모 메 로 쁘레군따스 데 레뻰떼 메 꼰푼도, 노 손 누에베?
  갑자기 물으니까 나도 헷갈리는데. 아홉 개 아니야?

A: No bromees. ¿Es verdad que son ocho?
  노 브로메에스. 에스 베르닫 께 손 오초?
  장난하지 마, 여덟 개인 거 맞지?

A: No hay ningún lápiz. ¿Me lo puedes dejar?
  노 아이 닌군 라삐스. 메 로 뿌에데스 데하르?
  이런, 연필이 한 자루도 없네. 좀 빌려줄 수 있니?

B: Vale. Yo tengo tres. Aquí tienes.
  발레. 요 뗑고 뜨레스. 아끼 띠에네스.
  그럴게. 난 세 자루나 있거든. 자, 여기 있어.

1 인간
2 가정
3 수
4 도시
5 교통
6 업무
7 쇼핑
8 스포츠·취미
9 자연

cálculo 깔꿀로 계산

□ ancho
안초 m 가로, 폭

□ longitud
롱히뚣 f 세로, 길이

□ distancia
디스딴시아 f 거리

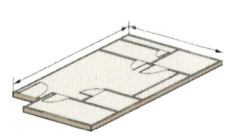

□ área
아레아 f 넓이, 면적

□ profundidad
쁘로푼디닫 f 깊이

□ altura
알뚜라 f 높이

□ peso
뻬소 m 무게

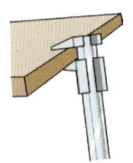

□ grosor
그로소르 m 두께

□ volumen
볼루멘 m 부피

□ velocidad
벨로시닫 f 속도

1 인간

2 가정

3 수

4 도시

5 교통

6 업무

7 쇼핑

8 스포츠·취미

9 자연

관련 단어

□ **tamaño** 따마뇨 [m] 크기

□ **suma** 수마 [f] 덧셈

□ **resta** 레스따 [f] 뺄셈

□ **multiplicación** 물띠쁠리까시온 [f] 곱셈

□ **división** 디비시온 [f] 나눗셈

□ **fracción** 프락시온 [f] 분수

□ **cinco más nueve son catorce.**
씬꼬 마스 누에베 손 까또르세 5 더하기 9는 14.

□ **diez entre dos son cinco.**
디에스 엔뜨레 도스 손 씬꼬 10 나누기 2는 5.

□ **metro** 메뜨로 [m] 미터(m)

□ **metro cuadrado** 메뜨로 꾸아드라도 [m] 평방미터, 제곱미터(㎡)

□ **gramo** 그라모 [m] 그램(g)

□ **ton** 똔 [m] 톤(t)

□ **litro** 리뜨로 [m] 리터(ℓ)

□ **milla** 미야 [f] 마일(mile, 1milla = 1.609metros)

□ **milímetro** 밀리메뜨로 밀리미터(mm)

□ **centímetro** 쎈띠메뜨로 센티미터(cm)

□ **kilómetro** 낄로메뜨로 킬로미터(km)

formas 포르마스 도형

☐ **círculo** 씨르꿀로 m 원

Mi cara es redonda como un círculo.

미 까라 에스 레돈다 꼬모 운 씨르꿀로.
내 얼굴은 원처럼 동그랗다.

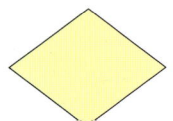

☐ **rombo**
롬보 m 마름모

☐ **rectángulo**
렉**땅**굴로 m 직사각형

☐ **triángulo** 뜨리**앙**굴로 m 삼각형

El triangulo es una forma unida por tres puntos.

엘 뜨리앙굴로 에스 우나 포르마 우니다 뽀르 뜨
레스 뿐또스.
삼각형은 세 점을 이어 만든 도형이다.

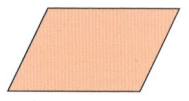

☐ **paralelogramo**
빠랄렐로그**라**모 m 평행사변형

☐ **cuadrado** 꾸아드**라**도 m 정사각형

El cuadrado tiene los lados iguales.

엘 꾸아드라도 띠에네 로스 라도스 이구알레스.
정사각형은 네 변의 길이가 같다.

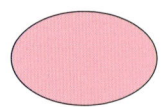

☐ **óvalo**
오발로 m 타원형

□ **pentágono**
뻰**따**고노 Ⓜ 오각형

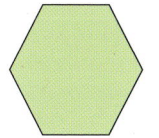

□ **hexágono** 엑사고노 Ⓜ 육각형

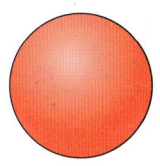

□ **esfera** 에스**페**라 Ⓕ 구

La tierra en que vivimos es
esfera.
라 띠에라 엔 께 비비모스 에스 에스페라.
우리가 사는 지구는 구형이다.

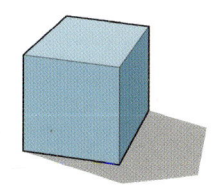

□ **cubo**
꾸보 Ⓜ 정육면체

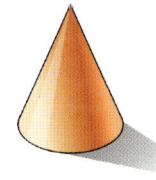

□ **cono**
꼬노 Ⓜ 원추형

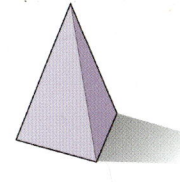

□ **pirámide**
삐**라**미데 Ⓕ 각뿔

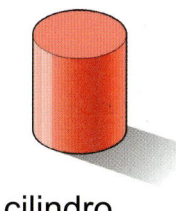

□ **cilindro**
씰**린**드로 Ⓜ 원기둥

1 인간

2 가정

3 수

4 도시

5 교통

6 업무

7 쇼핑

8 스포츠·취미

9 저녁

calendario 깔렌다리오 달력

estaciones 에스따시오네스 계절

☐ primavera 쁘리마베라 f 봄

☐ verano 베라노 m 여름

☐ invierno 인비에르노 m 겨울

☐ otoño 오또뇨 m 가을

 관련 단어

☐ las cuatro estaciones 라스 꾸아뜨로 에스따시오네스 사계절

☐ primavera verano otoño invierno
쁘리마베라 베라노 오또뇨 인비에르노 춘하추동

mes 메스 월

☐ **enero** 에네로 1월 ☐ **febrero** 페브레로 2월

☐ **marzo** 마르쏘 3월 ☐ **abril** 아브릴 4월

☐ **mayo** 마이오 5월 ☐ **junio** 후니오 6월

☐ **julio** 훌리오 7월 ☐ **agosto** 아고스또 8월

☐ **septiembre** 셉띠엠브레 9월

☐ **octubre** 옥뚜브레 10월

☐ **novicmbrc** 노비엠브레 11월

☐ **diciembre** 디시엠브레 12월

Diálogo

A: ¿Qué estación te gusta?
께 에스따시온 떼 구스따?
무슨 계절을 좋아하세요?

B: Me gusta el otoño.
메 구스따 엘 오또뇨.
가을을 좋아해요.

A: ¿Ah sí? Yo, también.
아 시? 요 땀비엔.
그래요? 저도 그래요.

dia especial 디아 에스뻬씨알 특별한 날

☐ **Día de Año Nuevo**
디아 데 **아**뇨 누에보 [m] 신정

☐ **Día de Año Nuevo Lunal**
디아 데 **아**뇨 누에보 루**날** [m] 설날

Cuando es el día de año nuevo me voy al pueblo natal.
꾸안도 에스 엘 디아 데 아뇨 누에보 메 보이 알 뿌에블로 나딸,
설이면 나는 고향에 간다.

☐ **Día de San Valentín**
디아 데 산 발렌**틴** [m] 밸런타인데이

☐ **Día de Acción de Gracias**
디아 데 악시**온** 데 그**라**시아스 [m] 추석

El día de acción de gracias todo es abundante.
엘 디아 데 악씨온 데 그라시아스 또도 에스 아분단떼,
추석에는 모든 것이 풍요롭다.

☐ **cumpleaños**
꿈쁠레**아**뇨스 [mpl] 생일

☐ **Navidad**
나비**닫** [f] 크리스마스

Nos vemos mañana en vísperas de navidad.
노스 베모스 마냐나 엔 비스뻬라스 데 나비닫,
우리 내일 크리스마스 이브에 만나자.

1 인간

2 가정

3 수

4 도시

5 교통

6 업무

7 쇼핑

8 스포츠·취미

9 자연

관련 단어

- □ **aniversario** 아니베르사리오 m 기념일
- □ **Día de los Niños** 디아 데 로스 니뇨스 m 어린이날
- □ **Día de los Padres** 디아 데 로스 빠드레스 m 어버이날
- □ **Día de la Liberación** 디아 데 라 리베라씨온 m 광복절
- □ **sesenta cumpleaños** 세센따 꿈쁠레아뇨스 mpl 환갑

día de la semana 디아 데 라 세마나 요일

- □ **Domingo** 도밍고 m 일요일
- □ **Lunes** 루네스 m 월요일
- □ **Martes** 마르떼스 m 화요일
- □ **Miércoles** 미에르꼴레스 m 수요일
- □ **Jueves** 후에베스 m 목요일
- □ **Viernes** 비에르네스 m 금요일
- □ **Sábado** 사바도 m 토요일

77

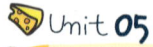

tiempo 띠엠뽀 시간

□ **hora**
오라 f 시

→ □ **minuto**
미누또 m 분

→ □ **segundo**
세군도 m 초

□ **madrugada**
마드루가다 f 새벽

□ **mañana**
마냐나 f 아침

Es una mañana
refrescante.
에스 우나 마냐나 레프레스깐떼.
상쾌한 아침이야!

□ **mediodía**
메디오디아 m 정오

□ **medianoche**
메디아노체 한밤중, 심야

□ **día**
디아 m 낮

□ **noche**
노체 f 밤

□ **tarde**
따르데 f 저녁

Hoy por la tarde he quedado con el amigo.
오이 뽀르 라 따르데 에 께다도 꼰 엘 아미고.
오늘 저녁에 친구와 만나기로 했다.

□ **tarde**
따르데 f 오후

1 인간

2 가정

3 수

4 도시

5 교통

6 업무

7 쇼핑

8 스포츠·취미

9 자연

□ **anteayer** 안떼아이**에**르 그저께

Mis padres se han ido de viaje a España
anteayer.

미스 빠드레스 세 안 이도 데 비아헤 아 에스빠냐 안떼아이에르.
아빠와 엄마는 그저께 스페인으로 여행을 가셨어요.

□ **ayer**
아이에르 어제

□ **hoy**
오이 오늘

□ **mañana**
마**냐**나 내일

□ **pasado mañana** 빠사노 마**냐**나 모레

Pasado mañana es el día que se casa mi hermana.

빠사도 마냐나 에스 엘 디아 께 세 까사 미 에르마나.
모레는 언니가 결혼하는 날이다.

관련 단어

□ **fecha** 페차 f. 날짜

□ **día laborable** 디아 라보**라**블레 m. 평일

□ **fin de semana** 핀 데 세**마**나 m. 주말

□ **siglo** 시글로 m. 세기

□ **pasado** 빠**사**도 m. 과거

□ **presente** 쁘레**센**떼 m. 현재

□ **futuro** 푸뚜로 m. 미래

□ **temprano** 뗌쁘라노 이른

□ **tarde** 따르데 늦은

□ **luego** 루에고 나중에

□ **en seguida** 엔 세기다 곧, 금방

□ **a veces** 아 베세스 때때로

□ **último** 울띠모 지난, 마지막의

□ **para siempre** 빠라 시엠쁘레 영원히

□ **momento** 모멘또 순간

□ **ahora** 아오라 지금

□ **rápido** 라삐도 빠르다

□ **lento** 렌또 느리다

□ **la semana pasada** 라 세마나 빠사다 지난 주

□ **esta semana** 에스따 세마나 이번 주

□ **la semana que viene**
라 세마나 께 비에네 다음 주(=la próxima semana)

□ **cada dia** 까다 디아 매일

□ **cada semana** 까다 세마나 매주

□ **cada mes** 까다 메스 매달

□ **cada año** 까다 아뇨 매년

□ **las 4 de la mañana**
라스 꾸아뜨로 데 라 마냐나 오전 4시

□ **las tres y quince de la tarde**
라스 뜨레스 이 낀세 데 라 따르데 3시 15분

※구체적인 시각과 함께 쓸 때는 **de la mañana, de la tarde**를 쓰지만 단순히 오전을 뜻할 때는 **por la mañana**, 오후는 **por la tarde** 라고 씁니다.

□ **2:10** **las dos y diez** 라스 도스 이 디에쓰 2시 10분

□ **6:05** **las seis y cinco** 라스 세이스 이 씬꼬 6시 5분

□ **5:45** **las cinco cuarenta y cinco / las seis menos cuarto**
라스 씬꼬 꾸아렌따 이 씬꼬/라스 세이스 메노스 꾸아르또 5시 45분

□ **7:30** **las siete treinta/ las siete y media**
라스 시에떼 뜨레인따/라스 시에떼 이 메디아 7시 30분

Diálogo

A: Ven a salir conmigo el sábado por la noche.
벤 아 살리르 꼰미고 엘 사바도 뽀르 라 노체.
토요일에 나랑 같이 놀러 가요.

B: ¿De verdad? ¡Será muy divertido!
데 베르닫? 세라 무이 디베르띠도.
정말요? 재미있겠네요!

A: ¿Cuándo voy a recogerte?
꾸안도 보이 아 레꼬헤르떼?
언제 데리러 갈까요?

B: Ven alrededor de las 6.
벤 알레데도르 데 라스 세이스.
여섯 시쯤 와 주세요.

연습문제 Auto prueba

1 다음 숫자를 스페인어로 써보세요.

a) 14 ________________ b) 67 ________________

c) 134 ________________ d) 2233 ________________

2 다음 단어의 뜻을 써 보세요.

a) área ____________

b) peso ____________

c) distancia ____________

d) altura ____________

3 다음 그림과 단어를 연결해 보세요.

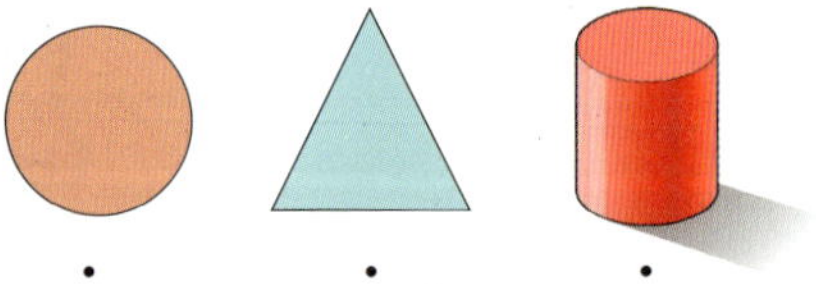

triángulo circulo cuadrado cilindro pentágono

4 다음 빈칸에 알맞은 스페인어를 써넣어 보세요.

a) 겨울은 12월에서 2월까지이다.

Invierno es desde ____________ a ____________.

b) 수요일 ____________ 토요일 ____________

c) 어제 ____________ — 오늘 hoy — 내일 ____________

d) 아침 mañana — 정오 mediodía — 오후 ____________

— 저녁 ____________ — 밤 noche

e) 지금 ____________ 나중에 ____________

영원히 ____________ 매일 ____________

5 다음 시간을 스페인어로 써보세요.

a) 2:15 ________________

b) 2시 8분 전 ________________

c) 8시 정각 ________________

d) 9시 반 ________________

정답

1 a) catorce
b) sesenta y siete
c) ciento treinta y cuatro
d) dos mil dos cientos treinta y tres

2 면적 무게 거리 높이

3 동그라미 – circulo 삼각형 – triángulo 원기둥 – cilindro
정사각형 – cuadrado 오각형 – pentágono

4 a) diciembre febrero
b) Miércoles Sábado
c) ayer mañana
d) tarde tarde
e) ahora luego para siempre cada dia

5 a) dos cuarto / dos quince
b) dos menos ocho
c) las ocho en punto
d) nueve treinta/ nueve y medio

THEMATIC SPANISH WORDS

Theme 4

→ **ciudad** 씨우닫 **도시**

1 인간

2 가정

3 수

4 도시

5 교통

6 업무

7 쇼핑

8 스포츠·취미

9 자연

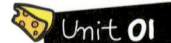
centro 쎈뜨로 시내

□ **apartamento**
아빠르따**멘**또 m 아파트

□ **comisaría** 꼬미사**리**아 f 경찰서

□ **escuela** 에스꾸**엘**라 f 학교

Vas a llegar tarde a la escuela,
levántate ya!
바스 아 예가르 따르데 아 라 에스꾸엘라, 레반따
떼 야.
학교에 지각하겠다, 빨리 일어나!

□ **biblioteca**
비블리오**떼**까 f 도서관

□ **cine** 씨네 m 영화관

□ **grandes almacenes**
그**란**데스 알마**쎄**네스 mpl 백화점

Ese edificio son los nuevos
grandes almacenes.
에세 에디피시오 손 로스 누에보스 그란데스
알마쎄네스.
저게 새로 짓는 백화점 건물이래.

□ **rótulo**
로뚤로 m 간판

□ **tienda** 띠**엔**다 f 가게

□ hospital 오스삐딸 m 병원

□ oficina de correos
오피씨나 데 꼬레오스 f 우체국

□ farmacia 파르마시아 f 약국

관련 단어

□ rascacielos 라스까씨엘로스 mpl 고층 건물

□ edificio 에디피씨오 m 빌딩

□ museo 무세오 m 박물관, 기념관

□ pinacoteca 삐나꼬떼까 f 미술관

□ fábrica 파브리까 f 공장

□ librería 리브레리아 f 서점

□ centro comercial subterráneo
쎈뜨로 꼬메로씨알 수브떼라네오 m 지하 상가

□ zona de venta de electrodomésticos
쏘나 데 벤따 데 엘렉뜨로도메스띠꼬스 m 전자 상가

□ rambla 람블라 f 번화가

□ arbol de calle 아르볼 데 까예 m 가로수

□ pancarta 빤까르따 f 플래카드

1 인간
2 가정
3 수
4 도시
5 교통
6 업무
7 쇼핑
8 스포츠·취미
9 자연

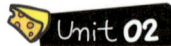

oficina de correos 오피씨나 데 꼬레오스 우체국

□ empleado/a de correos

엠쁠레**아**도/다 데 꼬**레**오스 myf 우체국 직원

El empleado de la ventanilla tres de correo ha cogido mi paquete.

엘 엠쁠레아도 데 라 벤따니아 뜨레스 데 꼬레오 아 꼬히도 미 빠께떼.

3번 창구의 우체국 직원이 내 소포를 접수했다.

□ cartero/a

까르**떼**로/라 myf 집배원

El cartero llega casi a la misma hora.

엘 까르떼로 예가 까시 아 라 미스마 오라.

그 집배원은 거의 같은 시간에 도착한다.

□ carta

까르따 f 편지

□ buzón de correos

부숀 데 꼬레오스 m 우체통

□ sello

세요 m 우표

□ código postal

꼬디고 뽀스**딸** m 우편 번호

□ frágil

프라힐 (취급) 주의

□ sobre postal

소브레 뽀스**딸** m 편지 봉투

1 인간
2 가정
3 수
4 도시
5 교통
6 업무
7 쇼핑
8 스포츠·취미
9 자연

관련 단어

- ventanilla 벤따니야 [f] 창구
- escala 에스깔라 [f] 저울
- reparto a domicilio 레빠르또 아 도미실리오 [m] 택배
- paquete 빠께떼 [m] 소포
- matasellos 마따세요스 [m] 소인
- correo certificado 꼬레오 쎄르띠피까도 [m] 등기
- correo expreso 꼬레오 엑스프레소 [m] 속달
- correo comercial 꼬레오 꼬메르씨알 [m] 광고성 우편

Diálogo

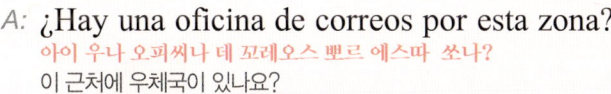

A: ¿Hay una oficina de correos por esta zona?
아이 우나 오피씨나 데 꼬레오스 뽀르 에스따 쏘나?
이 근처에 우체국이 있나요?

B: Sí, está muy cerca de aquí. Puedes ir a pie.
시, 에스따 무이 쎄르까 데 아끼. 뿌에데스 이르 아 삐에.
네, 아주 가까이에 있어요. 여기서 걸어갈 수 있어요.

A: ¿Cuánto se tarda hasta allí?
꾸안또 세 따르다 아스따 아이?
오래 걸리나요?

B: Aproximadamente 2 minutos.
아쁘로시마다멘떼 도스 미누또스.
2분 정도 걸립니다.

hospital 오스삐딸 병원

□ **cirugía**
씨루**히**아 f 외과

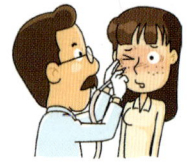

□ **dermatología**
데르마똘로**히**아 f 피부과

□ **pediatría** 뻬디아뜨**리**아 f 소아과

El niño tenia fiebre y venimos
de la pediatría.
엘 니뇨 떼니아 피에브레 이 베니모스 데 라
뻬디아뜨리아 .
아이가 열이 나서 소아과에 다녀왔다.

□ **otorrinolaringología**
오또리노라링골로**히**아 f 이비인후과

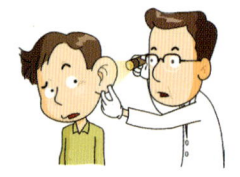

□ **doctor/a**
독또르/라 m,f 의사(= médico)

No ignoré el consejo del doctor
que tenga descanso.
노 이그노레 엘 꼰세호 델 독또르 께 뗑가 데스깐소.
안정을 취하라는 의사의 말을 무시하지 마세요.

□ **ginecología**
히네꼴로**히**아 f 산부인과

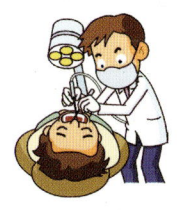

□ **dentista**
덴**띠**스따 myf 치과 의사

□ **enfermera**
엔페르**메**라 myf 간호사

La enfermera me llamó.
라 엔페르메라 메 야모.
간호사가 내 이름을 불렀다.

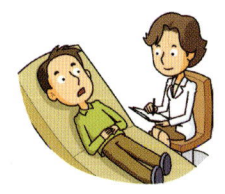

□ (p)siquiatra
시끼아뜨라 myf 정신과 의사

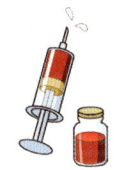

□ inyección
이넥시온 f 주사

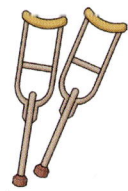

□ **muleta** 물레따 f 목발

Me dice que tengo que andar con
muletas durante un mes.
메 디세 께 뗑고 께 안다르 꼰 물레따스 두란떼 운 메스.
앞으로 한달 동안은 목발을 짚고 다녀야 한대.

□ **termómetro**
떼르**모**메뜨로 m 체온계

□ **vaciado** 바씨아도 m 깁스

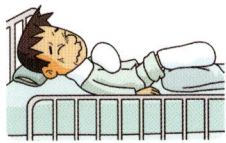

1 인간
2 가정
3 수
4 도시
5 교통
6 업무
7 쇼핑
8 스포츠·취미
9 자연

관련 단어

□ **medicina interna** 메디씨나 인떼르나 m 내과

□ **cirugía plástica** 시루히아 쁠라스띠까 f 성형외과

□ **urología** 우로로히아 f 비뇨기과

□ **oftalmólogo/a** 오프딸몰로고/가 myf 안과 의사

□ **ambulancia** 암불란시아 f 구급차

□ **equipo de emergencia** 에끼뽀 데 에메르헨시아 응급 구조 요원

□ **paciente** 빠시엔떼 myf 환자

□ **tratamiento** 뜨라따미엔또 m 치료

□ **desinfección** 데스인펙씨온 f 소독

□ **operación** 오페라시온 f 수술

□ **receta** 레쎄따 f 처방전

□ **revisión medico** 레비시온 메디꼬 f 건강진단

□ **silla de ruedas** 시야 데 루에다스 f 휠체어

□ **recepción** 레쎕씨온 f 접수 창구

1 인간

2 가정

3 수

4 도시

5 교통

6 업무

7 쇼핑

8 스포츠·취미

9 자연

Diálogo

A: ¡Como tenemos que ir al oftalmólogo ven pronto!
꼬모 떼네모스 께 이르 알 오프딸몰로고 벤 쁘론또!
오늘 오후에 안과에 가야 하니, 빨리 와라.

B: Hoy tengo las clases hasta tarde.
오이 뗑고 라스 끌라세스 아스따 따르데.
오늘은 수업이 늦게까지 있는데요.

A: Es el día de revisión, ¿cómo lo hacemos?
에스 엘 디아 데 레비시온, 꼬모 로 아세모스?
오늘이 정기적으로 진찰받는 날인데, 그러면 어떡하지?

B: Mama, ¿por qué no lo llamamos para posponer?
마마, 뽀르 께 노 로 야마모스 빠라 뽀스뽀네르?
엄마, 병원에 전화해서 내일로 연기하면 안 될까요?

- -

A: ¿Los españoles hacen mucha cirugía estética?
로스 에스빠뇰레스 아센 무차 시루히아 에스떼띠까?
스페인 사람들도 성형수술 많이 하니?

B: No, no hacen tanto.
노, 노 아센 딴또.
아니, 별로 많이 하지 않아.

A: Me parece que la amiga que vimos la ultima vez se ha operado de la nariz.
메 빠레세 께 라 아미가 께 비모스 라 울띠마 베스 세 아 오뻬라도 데 라 나리스.
지난번에 본 네 친구 코 수술한 거 같던데?

B: Sí, ella se ha operado hasta de los hoyuelos.
시, 에야 세 아 오뻬라도 아스따 데 로스 오이유엘로스.
응, 걔는 보조개 수술까지 했어.

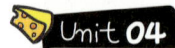

farmacia 파르마씨아 약국

□ **pastilla** 빠스띠아 f 알약

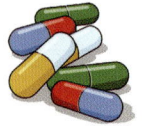

□ **cápsula** 깝술라 f 캡슐

□ **jarabe** 하라베 m 물약

Dale dos cucharadas de este jarabe
en cada toma.
다레 도스 꾸차라다스 데 에스떼 하라베 엔 까다 또마.
이 물약은 한번에 두 스푼씩 먹이세요.

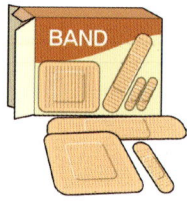

□ **tirita**
띠리따 f 일회용 밴드

□ **pomada** 뽀마다 f 연고

Ponle la pomada sobre la herida
frecuentemente.
뽄레 라 뽀마다 소브레 라 에리다 프레꾸엔떼멘떼.
상처에 꾸준히 연고를 발라 주세요.

□ **gasa** 가사 f 거즈

1 인간

2 가정

3 수

4 도시

5 교통

6 업무

7 쇼핑

8 스포츠·취미

9 자연

관련 단어

□ **farmacéutico/a** 파르마쎄우띠꼬/까 `myf` 약사

□ **medicina** 메디씨나 `f` 내복약

□ **supositorio** 수뽀시또리오 `m` 좌약

□ **dosis** 도시스 `fpl` 복용량

□ **calmante** 깔만떼 `m` 진통제

□ **pastilla para dormir** 빠스띠야 빠라 도르미르 `f` 수면제

□ **sedante** 세단떼 `m` 진정제

□ **materia antiinflamatorio**
마떼리아 안띠인플라마또리오 `f` 소염제

□ **venda** 벤다 `f` 붕대

□ **compresa** 꼼쁘레사 `f` 생리대

□ **producto de cuidado de la piel**
쁘로둑또 데 꾸이다도 데 라 삐엘 `m` 피부 관리용품

Diálogo

A: ¿Podría darme una pastilla para el dolor de cabeza?
뽀드리아 다르메 우나 빠스띠야 빠라 엘 도롤 데 까베싸?
두통약 좀 주실래요?

B: Usted necesita una receta para copmprar este medicamento.
우스뗃 네쎄시따 우나 레세따 빠라 꼼쁘프랄 에스떼 메디사멘또.
이 약을 사시려면 처방전을 받아오세요.

enfermedad 엔페르메닫 질병

□ **enfriamiento**
엔프리아미**엔**또 m 오한

□ **dolor de cabeza**
돌로르 데 까**베**싸 m 두통

Tengo mucho dolor de
cabeza y me mareo.
땡고 무초 돌로르 데 까베싸 이 메 마레오.
두통이 심해서 정신을 차릴 수가 없다.

□ **gripe** 그리**뻬** f 독감

Él no ha venido a trabajar por la gripe.
엘 노 아 베니도 아 뜨라바하르 뽀르 라 그리뻬.
그는 오늘 독감으로 결근했습니다.

□ **vomito** 보미또 m 구토

La comida me ha sentado mal y
estoy vomitando.
라 꼬미다 메 아 센따도 말 이 에스또이 보미딴도.
점심 먹은 게 체해서 구토를 한다.

□ **fiebre**
피에브레 f 발열

□ **nausea**
나우세아 f 구역질

□ **resfriado** 레스프리아도
m 감기(estar ~)

□ **quemadura**
께마두라 f 화상

□ **alergia**
알레르히아 f 알레르기 반응

□ **hemorragia nasal**
에모라히아 나살 f 코피

□ **herida** 에리다 f 상처

Tendría que curarse bien
la herida.
뗀드리아 께 꾸라르세 비엔 리 에리다.
상처가 깨끗하게 아물어야 할 텐데….

□ **ampolla** 암뽀야 f 물집

Tengo una ampolla en el
pie por ponerme zapatos
nuevos.
뗑고 우나 암뽀야 엔 엘 삐에 뽀르 뽀네르메 싸빠또스 누에보스.
새 신을 신었더니 발에 물집이 생겼다.

□ **alta tensión** 알따 뗀시온 f
고혈압(=hipertensión)

Aun no ha cumplido los
40 años, tiene alta tensión.
아운 노 아 꿈쁠리도 로스 꾸아렌따 아뇨스.
띠에네 알따 뗀시온.
아직 40도 안 된 사람이 고혈압이라니….

□ **caries** 까리에스 fpl 충치

Ay, tengo una caries más.
아이, 뗑고 우나 까리에스 마스.
아이구, 충치가 또 하나 늘었네!

1 인간
2 가정
3 수
4 도시
5 교통
6 업무
7 쇼핑
8 스포츠·취미
9 자연

관련 단어

- □ **cáncer** 깐쎄르 m 암
- □ **diabetes** 디아**베**떼스 f 당뇨병
- □ **hepatitis** (B) 에빠**띠**띠스 (B형) 간염
- □ **obesidad** 오베시**닫** f 비만

- □ **intoxicación alimentaria** 인똑시까씨**온** 알리멘따리아 f 식중독
- □ **indigestión** 인디헤스띠**온** f 소화불량
- □ **diarrea** 디**아**레아 f 설사
- □ **estreñimiento** 에스뜨레니미**엔**또 m 변비
- □ **dolor** 돌로르 m 통증
- □ **tortícolis** 또르**띠**꼴리스 f 어깨결림
- □ **fractura de hueso** 프락**뚜**라 데 우**에**소 f 골절
- □ **dolorido músculo** 돌로**리**도 **무**스꿀로 m 근육통
- □ **morado** 모**라**도 m 타박상(=cardenal)
- □ **jaqueca** 하**께**까 f 편두통

- □ **virus** 비루스 m 바이러스
- □ **derrame de moco** 데르**라**메 데 **모**꼬 m 콧물 흐름
- □ **corte** 꼬르떼 m 베인 상처
- □ **arañazo** 아라**냐**쏘 m 긁힌 상처
- □ **pérdida de sangre** **뻬**르디다 데 **상**그레 f 출혈

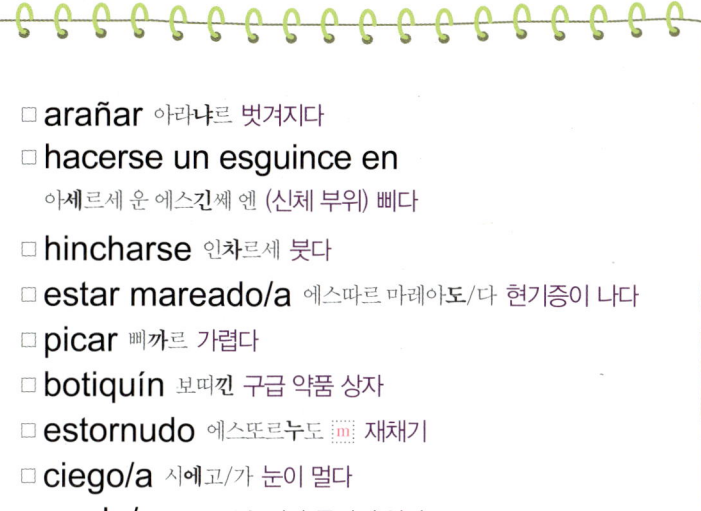

□ **arañar** 아라냐르 벗겨지다

□ **hacerse un esguince en**
아세르세 운 에스긴쎄 엔 (신체 부위) 삐다

□ **hincharse** 인차르세 붓다

□ **estar mareado/a** 에스따르 마레아도/다 현기증이 나다

□ **picar** 삐까르 가렵다

□ **botiquín** 보띠낀 구급 약품 상자

□ **estornudo** 에스또르누도 m 재채기

□ **ciego/a** 시에고/가 눈이 멀다

□ **sordo/a** 소르도/다 귀가 들리지 않다

1 인간
2 가정
3 수
4 도시
5 교통
6 업무
7 쇼핑
8 스포츠·취미
9 자연

Joke

● **Beneficios de tener la enfermedad de Alzheimer**
베네피시오스 데 떼네르 라 엔페르메달 데 알쯔하이머.
치매가 주는 세 가지 즐거움

1. **Usted nunca tiene que ver repeticiones en la televisión.**
우스뗃 눈까 띠에네 께 베르 레뻬띠씨오네스 엔 라 뗄레비시온.
텔레비전에서 재방송을 보는 일이 없다.

2. **Usted siempre conocerá a gente nueva.**
우스뗃 시엠쁘레 꼬노쎄라 아 헨떼 누에바.
언제나 새로운 사람들을 만나게 된다.

3. **Usted no tiene que recordar las quejas y los gimoteos de su cónyuge.**
우스뗄 노 띠에네 께 레꼬르다르 라스 께하스 이 로스 히모떼오스 데 수 꼰뉴헤.
배우자의 불평을 기억할 필요가 없다.

banco 방꼬 은행

□ **cajero/a**

까헤로/라 myf 은행 직원

□ **vigilante/a**

비히**란**떼/따 myf 청원 경찰, 경비

□ **billete**

비예떼 m 지폐

□ **moneda**

모네다 f 동전

□ **cantidad**

깐디닫 f 금액, 액수

□ **cheque** 체께 m 수표 (=talón)

Emítelo en un cheque, por favor.

에미떼로 엔 운 체께, 뽀르 파보르.
수표 한 장으로 만들어 주세요.

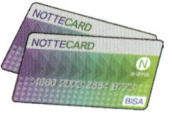

□ **tarjeta de crédito**

따르헤따 데 끄레디또 f 신용 카드

He perdido la tarjeta de crédito.

에 뻬르디도 라 따르헤따 데 끄레디또.
신용 카드를 분실했어요.

□ **cuenta de a horros**

꾸엔따 데 아 오로스 f (예금) 통장

□ **cajero automático**

까헤로 아우또**마**띠꼬
m 현금 자동 입출금기, ATM

1 인간

2 가정

3 수

4 도시

5 교통

6 업무

7 쇼핑

8 스포츠·취미

9 지역

관련 단어

- □ **ventanilla** 벤따니야 r 창구
- □ **asesor bancario** 아세소르 방까리오 m (대출 등의) 상담 직원
- □ **cliente** 끌리엔떼 myf 고객
- □ **ahorro** 아오로 m 저축
- □ **comisión** 꼬미시온 r 은행 수수료
- □ **tarjeta** 따르헤따 r 직불카드
- □ **número secreto** 누메로 세끄레또 m 비밀번호
- □ **firma** 피르마 r 서명
- □ **factura** 팍뚜라 r (세금, 전기세 등) 매월 납부 통지서
- □ **domiciliación** 도미씰리아씨온 r 자동 납부
- □ **pago** 빠고 m 납부, 지불

Diálogo

A: ¿Dónde está un banco?
돈데 에스따 운 방꼬?
은행이 어디에 있나요?

B: Está uno al lado de aquel edificio.
에스따 우노 알 라도 데 아껠 에디피시오.
저기 큰 빌딩 바로 옆에 있어요.

A: Gracias.
그라시아스.
고마워요.

B: De nada.
데 나다.
천만에요.

comida rapida 꼬미다 라삐다 패스트푸드

□ **patatas fritas**
빠**따**따스 프리따스
f 감자튀김, 프렌치프라이

□ **donut** 도눗 m 도넛

□ **hamburguesa**
암부르**게**사 f 햄버거

□ **pollo frito**
뽀요 프리또 m 프라이드치킨

El pollo frito de este
establecimiento es muy bueno.
엘 뽀요 프리또 데 에스떼 에스따블레씨미엔또
에스 무이 부에노.
이 집 프라이드치킨 참 맛있어.

□ **pajita** 빠히따
f 빨대 (=pajilla)

□ **cola** 콜라 f 콜라

□ **bocadillo** 보까디요 m 보까디요
(바케트를 반으로 갈라 여러 가지 재료를 속에 넣은 것)

Me gusta el bocadillo de jamón y
queso.
메 구스따 엘 보까디요 데 하몬 이 께소.
나는 하몬과 치즈 보까디요가 좋아요.

□ **sándwich**
산드위치 m 샌드위치

1 인간

2 가정

3 수

4 도시

5 교통

6 업무

7 쇼핑

8 스포츠·취미

9 자연

관련 단어

□ **empanada** 엠빠나다 f 만두

□ **taco** 따코 m 타코 (얇은 부침개 같은 것으로 옥수수, 피망 등을 싸 먹음)

□ **merienda** 메리엔다 f 가벼운 식사, 간식

□ **bebida** 베비다 f 청량음료

□ **batido** 바띠도 m 셰이크

□ **dulce** 둘세 달콤한

□ **rico** 리꼬 맛있는

Diálogo

A: ¿Qué le pongo?
께 레 뽕고?
무엇을 드릴까요?

B: Quiero dos menús de hamburguesa queso.
끼에로 도스 메누스 데 암부르게사 께소.
치즈버거 세트 두 개 주세요.

A: ¿Para tomar aquí o para llevar?
빠라 꼬마르 아끼 오 빠라 예바르?
여기서 드실 건가요, 아니면 포장해 가시겠어요?

B: Para comer aquí.
빠라 꼬메르 아끼.
먹고 갈 거예요.

restaurante 레스따우란떼 레스토랑

□ **bistec** 비스텍 Ⓜ 스테이크

□ **ensalada** 엔살라다 Ⓕ 샐러드

□ **espagueti** 에스빠게띠 Ⓜ 스파게티

¿Te gustan los espaguetis con
salsa boloñesa?
떼 구스딴 로스 에스빠게띠스 꼰 살사 볼로네사?
볼로네사 소스 스파게티 좋아해?

□ **sopa** 소빠 Ⓕ 수프

Quiero una sopa caliente de
verduras.
끼에로 우나 소빠 깔리엔떼 데 베르두라스.
따뜻한 야채 수프가 먹고 싶어.

□ **arroz al curry**
아로스 알 꾸리 Ⓜ 카레라이스

A mi hermana no le gusta el
arroz al curry.
아 미 에르마나 노 레 구스따 엘 아로스 알 꾸리.
내 동생은 카레라이스를 싫어한다.

□ **comida marisco**
꼬미다 마리스꼬 Ⓕ 해산물 요리

- comida 꼬미다 f 음식
- pedido 뻬디도 m 주문
- menú 메누 m 식단, 메뉴
- menú para niños 메누 빠라 니뇨스 m 어린이 메뉴

- aperitivo 아뻬리띠보 m 에피타이저
- postre 뽀스뜨레 m 디저트
- barbacoa 바르바꼬아 f 바베큐
- escalopa 에스깔로빠 f 돈가스
- bogavante 보가반떼 m 비닷기제
- ternera 떼르네라 f 쇠고기
- cerdo 쎄르도 m 돼지고기
- cordero 꼬르데로 m 양고기

- bien echo 비엔 에초 웰던, 잘 익힌
- al punto 알 뿐또 미디엄, 중간 정도로 익힌
- poco echo 뽀꼬 에초 레어, 살짝 익힌

- picante 삐깐떼 맵다
- salado/a 살라도/다 짜다
- amargo/a 아마르고/가 쓰다
- ácido 아씨도 시다

- cuenta 꾸엔따 f 계산서

1 인간
2 가정
3 수
4 도시
5 교통
6 업무
7 쇼핑
8 스포츠 · 취미
9 자연

comida española
꼬미다 에스빠뇰라 **스페인 요리**

□ **tapas** 따파스
(주 요리를 먹기 전에 작은 접시에 담겨
져 나오는 전채요리.)

□ **tortilla** 또르띠야
(감자와 계란을 주재료로 두툼하게 구워진
스페인식 오믈렛.)

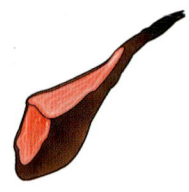

□ **jamón** 하몬
(돼지 허벅다리를 소금에 절인 후 통풍
이 잘 되는 곳에서 1년 이상 숙성 기간
을 거쳐 만들어지며, 얇게 썰어 먹음.)

□ **ensalada de verduras**
엔살라다 데 베르두라스
(스페인 샐러드로 토마토·상추·양파 등 야채
를 썰어 다양한 소스를 뿌려 먹음.)

□ **horchata** 오프차따
(추파스라는 콩을 갈아서 만든 우윳
빛 음료로 여름철에 많이 마심.)

□ **sangría** 상그리아
(스페인의 대표적인 와인 칵테일로 보통
차가운 레드 와인에 오렌지·레몬 등
과일을 얇게 썰어 넣고, 소다수와 설탕
을 섞은 것.)

1 인간

2 가정

3 수

4 도시

5 교통

6 업무

7 쇼핑

8 스포츠 · 취미

9 지요

관련 단어

□ **pan con tomate** 빵 꼰 또마떼 (구운 빵에 생마늘과 토마토 · 올리브유를 뿌려 먹는 것으로, 까딸루냐 지방에서 식사 시간에 빠질 수 없는 음식.)

□ **calçot** 깔솟 (까딸루냐의 겨울철 별미로 파처럼 생긴 깔솟을 불에 새까맣게 태워 하얀 속 줄기를 로메스쿠 소스에 찍어먹는 요리.)

□ **paella** 빠에야 (해물 또는 닭고기 등 여러 가지 재료를 써서 만드는 발렌시아 지역의 대표적인 쌀 요리이자, 스페인의 간판 음식. 스페인에서는 목요일 점심 단골 메뉴.)

□ **gazpacho** 가스빠초 (토마토 · 오이 · 피망 · 양파 등의 여러 가지 야채로 만든 스프.)

□ **salpicón de marisco** 살삐꼰 데 마리스꼬 (새우 · 홍합 · 오징어 등으로 만든 해산물 샐러드.)

□ **cochinillo** 꼬치니요 (5킬로그램 미만의 아주 어린 새끼돼지 통구이 요리.)

□ **tetilla** 떼띠야 (갈리시아 고유의 소젖으로 만든 치즈로 맛이 강하면서도 부드러움.)

□ **pinchos** 삔초스 (얇게 썬 바게트 위에 각종 해산물과 치즈 · 고기 등을 올려 얇은 막대기로 고정시킨 음식.)

Diálogo

A: **¿Ha decidido qué va a comer?**
아 데시디도 께 바 아 꼬메르?
뭘 드실지 정하셨나요?

B: **Quiero un menú del día.**
끼에로 운 메누 델 디아.
오늘의 추천 메뉴로 주세요.

A: **De primero, ¿Cuál quiere?**
데 쁘리메로, 꾸알 끼에레?
첫번째 요리로 뭘 원하세요?

B: **Gazpacho, por favor.**
가스빠초, 뽀르 파보르.
가스빠초로 할께요.

bar 바르 술집

□ **camarero/a**
까마**레**로/라 `myf` 바텐더

□ **cóctel** 꼭뗄 `m` 칵테일

El coctel no es de mi gusto.
엘 꼭뗄 노 에스 데 미 구스또.
칵테일은 내 취향에 맞지 않는다.

□ **con hielo**
꼰 이**엘**로 온더록스

Póngame un whisky con hielo.
뽕가메 운 위스끼 꼰 이엘로.
위스키 온더록스 한 잔 주세요.

□ **vino** 비노 `m` 와인

El vino es más fuerte de lo que
me imaginaba.
엘 비노 에스 마스 푸에르떼 데 로 께 메 이마히나바.
와인은 은근히 독한 술이다.

□ **agua con gas**
아구아 꼰 가스 `f` 소다수

□ **acompañamiento**
아꼼빠냐미**엔**또 `m` 안주

□ **caña** 까냐 `f` 생맥주

La caña es lo mejor en un día de
verano caluroso.
라 까냐 에스 로 메호르 엔 운 디아 데 베라노 깔루로소.
더운 여름엔 역시 생맥주야.

1 인간

2 가정

3 수

4 도시

5 교통

6 업무

7 쇼핑

8 스포츠·취미

9 자연

관련 단어

- □ whisky 위스끼 ⓜ 위스키
- □ ron 론 ⓜ 럼
- □ vodka 보드까 ⓜⓕ 보드카
- □ gin tonic 진토닉 진토닉
- □ cerveza 쎄르베싸 ⓕ 맥주
- □ cava 까바 ⓕ 샴페인

- □ estar borracho/a 에스따르 보라초/차 취하다
- □ salud 살룻 건배
- □ resaca 레사까 ⓕ 숙취

Diálogo

A: Te veo mal.
떼 베오 말.
너 표정이 안 좋아 보여.

B: Estoy de mareo. Quiero vomitar.
에스또이 데 마레오. 끼에로 보미따르.
어지러워. 나 토할 것 같아.

A: No vomites aquí. En la esquina hay un labavo.
노 보미떼스 아끼. 엔 라 에스끼나 아이 운 라바보.
여기서 토하지 마! 저 코너 돌면 바로 화장실 있어!

hotel 오뗄 호텔

□ **edificio principal**
에디**피**씨오 쁘린시**빨** m 본관

□ **anexo** 아넥소 m 별관

□ **vestíbulo** 베스**띠**불로 m 로비

Ven rápido, que estoy
esperándote en el vestíbulo.
벤 라삐도, 께 에스또이 에스뻬란도떼 엔 엘 베스
띠불로.
빨리 와. 나 지금 로비에서 기다리고 있어.

□ **recepción** 레셉씨**온** m 프런트 데스크

¡Oiga! ¿Es recepción?
오이가. 에스 레셉시온?
여보세요. 거기 프런트 데스크죠?

□ **registrarse** 레히스뜨라르세
체크인(=hacer el check in)

□ **dejar libre la habitación** 데**하**르 **리**브레 라 아비따시**온**
체크아웃(=hacer el check out)

Ahora quiero dejar libre la habitación.
아오라 끼에로 데하르 리브레 라 아비따시온.
지금 체크아웃하려고 하는데요.

□ **habitación singular**
아비따씨**온** 싱굴**라**르 ⓕ 싱글룸

□ **habitación doble**
아비따시**온** 도블레 ⓕ 더블룸

□ **propina** 쁘로**삐**나 ⓕ 팁

Gracias, esto es una
propina.
그라시아스, 에스또 에스 우나 쁘로**삐**나.
고마워요. 이건 팁이에요.

□ **camarero/a**
까마**레**로/라
ⓜⓕ 남종업원

□ **camarera**
까마**레**라
ⓕ 여종업원

□ **llamada de despertador**
야**마**다 데 데스뻬르따도르 ⓕ 모닝콜 서비스

Una llamada de despertador(wake-up) a las 6 de la mañana, por
favor.
우나 야마다 데 데스뻬르따도르 아 라스 세이스 데 라 마냐나, 뽀르 파보르.
내일 아침 여섯 시에 모닝콜 서비스 부탁합니다.

1 인간
2 가정
3 수
4 도시
5 교통
6 업무
7 쇼핑
8 스포츠·취미
9 자연

관련 단어

☐ **cinco estrella** 씬꼬 에스뜨레야 오성급의, 최고급의

☐ **taquilla** 따끼야 f 물품 보관소

☐ **cajero/a** 까헤로/라 myf 출납원, 계산대

☐ **cambio** 깜비오 m 환전

☐ **clínica** 끌리니까 f 의무실

☐ **ascensor** 아스쎈소르 m 엘리베이터

☐ **corredor** 꼬레도르 m 복도

☐ **reservar** 레세르바르 (방을) 예약하다

☐ **suite** 수이떼 f 스위트룸

☐ **habitación libre** 아비따씨온 리브레 f 빈방

☐ **guarderia** 구아르데리아 f 유아 돌봐드림

☐ **no molestar** 노 몰레스따르 방문사절

☐ **privado** 쁘리바도 m 관계자 외 출입금지

1 인간

2 가정

3 수

4 도시

5 교통

6 업무

7 쇼핑

8 스포츠·취미

9 지연

Diálogo

A: Quiero reservar una habitación.
끼에로 레세르바르 우나 아비따시온.
방을 예약하려고 하는데요.

B: Sí, ¿para cuando lo quiere?
시, 빠라 꾸안도 로 끼에레?
예, 언제 숙박하실 건가요?

A: Desde este viernes hasta este domingo.
데스데 에스떼 비에르네스 아스따 에스떼 도밍고
이번 주 금요일부터 일요일까지요.

B: Sí, ¿Cuantas personas son?
시, 꾸안따스 뻬르소나스 손?
예, 몇 분이십니까?

A: Son cuatro personas. ¿Puede ser dos habitaciones dobles?
손 꾸아뜨로 뻬르소나스. 뿌에데 세르 도스 아비따시오네스 도블레스?
네 명인데요. 트윈룸으로 두 개 예약 가능할까요?

escuela 에스꾸엘라 학교

❶ clase 끌라세 ⓕ 교실 (=aula)

❷ profesor/a 프로페소르/라 ⓜⓕ 교사

❸ estudiante 에스뚜디안떼 ⓜⓕ 학생

❹ escritorio 에스끄리또리오 ⓜ 책상(=mesa)

❺ silla 시야 ⓕ 의자

❻ libro (de texto) 리브로 (데 떼스또) ⓜ 교과서

❼ estuche de lápices 에스뚜체 데 라삐쎄스 ⓜ 필통

❽ lápiz 라삐스 ⓕ 연필

❾ goma 고마 ⓕ 지우개

❿ lápices de colores 라삐쎄스 데 꼴로레스 ⓕⓟⓛ 색연필

⓫ regla 레글라 ⓕ 자

⓬ globo 글로보 ⓜ 지구본

⓭ boletín 볼레띤 ⓜ 게시판

1 인간

2 가정

3 수

4 도시

5 교통

6 업무

7 쇼핑

8 스포츠·취미

9 자연

관련 단어

☐ **parvulario** 빠르불라리오 (3~6세) 유치원

☐ **educación primaria** 에두까씨온 쁘리마리아 (6~12세) 초등 교육

☐ **educación secundaria obligatoria** (ESO)
에두까씨온 세꾼다리아 오블리가또리아 (12~16세) 중등 교육

☐ **bachillerato** 바치예라또 (16~18세) 고등학교

☐ **universidad** 우니베르시닫 f 대학교

☐ **universitario/a** 우니베르시따리오/아 myf 대학생

☐ **residencia de estudiante** 레시뎬씨아 데 에스뚜디안떼 f 기숙사

☐ **gimnasio** 힘나시오 m 체육관

☐ **auditorio** 아우디또리오 m 강당

☐ **patio de recreo** 빠띠오 데 레끄레오 m 운동장

☐ **enfermería escolar** 엔페르메리아 에스꼴라르 f 양호실

☐ **pasillo** 빠시요 m 복도

☐ **examen** 엑사멘 m 시험

☐ **deberes** 데베레스 mpl 숙제

☐ **educación** 에두까씨온 f 교육

☐ **compañero/a** 꼼빠녜로/라 myf 급우, 반 친구

☐ **grado** 그라도 m 학년(=año, curso)

☐ **semestre** 세메스뜨레 m 학기(6개월 단위)

☐ **diploma** 디쁠로마 m 졸업장

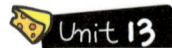

asignatura 아시그나뚜라 과목

□ **historia** 이스또리아 f 역사

Muchos estudiantes piensan que la clase de historia es aburrida.
무쵸스 에스뚜디안떼스 삐엔산 께 라 끌라세 데 이스또리아 에스 아부리다.
많은 학생들이 역사 수업은 지겹다고 생각한다.

□ **ciencias** 씨엔씨아스 f 과학

La clase de ciencias de hoy, es sobre la observación del tallo.
라 끌라세 데 시엔시아스 데 오이, 에스 소브레 라 옵세르바시온 델 따요.
오늘 과학 수업은 식물 줄기 관찰입니다.

□ **educación física**
에두까씨온 피시까 f 체육

□ **música** 무시까 f 음악

□ **inglés** 잉글레스 m 영어

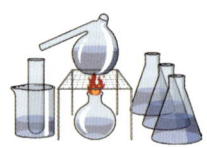

□ **química** 끼미까 f 화학

□ **arte** 아르떼 m 미술

A mi me gusta la clase de arte.
아 미 메 구스따 라 끌라세 데 아르떼.
나는 미술 과목을 좋아한다.

관련 단어

- □ lengua 렝구아 f 국어
- □ matemática 마떼**마**띠까 f 수학
- □ sociales 소씨**알**레스 m 사회
- □ geografía 헤오그라**피**아 f 지리
- □ biología 비올로**히**아 f 생물
- □ filosofía 필로소**피**아 f 철학
- □ redacción 레닥씨**온** f 작문
- □ ética **에**띠까 f 도덕
- □ literatura 리떼라**뚜**라 f 문학

- □ economía 에꼬노**미**아 f 경제학
- □ psicología 시꼴로**히**아 f 심리학
- □ ingeniería 인헤니에**리**아 f 공학
- □ física **피**시까 f 물리학

comisaria 꼬미사리아 **경찰서**

□ policía 폴리씨아 mf 경찰

□ pistola 삐스똘라 f 권총

□ agresión
아그레시온 f 폭행

□ **evidencia** 에비덴씨아 f 증거

Él está en libertad por falta de
evidencia.
앨 에스따 엔 리베르딷 뽀르 팔따 데 에비덴시아.
그는 증거 불충분으로 풀려났다.

□ **victima** 빅띠마 f 피해자

□ ladrón/a
라드론/나 myf 도둑

□ detención
데뗀씨온 f 체포(=arresto)

118

1 인간

2 가정

3 수

4 도시

5 교통

6 업무

7 쇼핑

8 스포츠·취미

9 저녁

관련 단어

- **detective** 데떽띠베 `mf` 형사
- **esposas** 에스뽀사스 `f` 수갑
- **testigo** 떼스띠고 `myf` 목격자
- **crimen** 끄리멘 `m` 범죄
- **robar** 로바르 훔치다
- **carterista** 까르떼리스따 `myf` 소매치기
- **homicidio** 오미씨디오 `m` 살인
- **violación** 비올라씨온 `f` 강간
- **fraude** 프라우데 `m` 사기
- **soborno** 소보르노 `m` 뇌물

Joke

● Un conductor borracho estaba parado por un policía.
운 꼰둑또르 보라쵸 에스따바 빠라도 뽀르 운 뽈리시아.
술 취한 운전자가 경찰에 잡혔다.

El policía al abrir la puerta el conductor borracho cayó al suelo.
엘 뽈리시아 알 아브리르 라 뿌에르따 엘 꼰둑또르 보라쵸 까이오 알 수엘로.
경찰관이 자동차 문을 열어젖히자 운전자가 쓰러지고 말았다.

policía : ¡Estás borracho!
뽈리시아 : 에스따스 보라쵸.
경찰 : 당신 취했구먼!

conductor : ¡Gracias a Dios! Pensé que el volante se
                       había ido
꼰둑또르 : 그라시아스 아 디오스! 뻰세 께 엘 볼란떼 세 아비아 이도.
운전자 : 아이고 다행이네요! 난 운전대가 사라진 줄 알았어요.

religión 렐리히온 종교

□ **budismo** 부디스모 m 불교

□ **budista** 부디스따 m 불교 신자

□ **cristianismo**
끄리스띠아니스모 m 기독교

□ **cristiano/a**
끄리스띠아노/나 myf 기독교 신자

Mi madre es una cristiana
devota.
미 마드레 에스 우나 끄리스띠아나 데보따.
나의 엄마는 독실한 기독교 신자이다.

□ **catolicismo** 까똘리씨스모 m 천주교

□ **católico/a** 까똘리꼬/까 myf 천주교 신자

Esa persona es un católico muy devoto.
에사 뻬르소나 에스 운 까똘리꼬 무이 데보또.
그 사람 아주 독실한 천주교 신자야.

□ **iglesia** 이글레시아 f 교회

□ **catedral** 까떼드랄 f 성당

□ **templo** 뗌쁠로 m 절

La vista de ese templo es
excelente.
라 비스따 데 에세 뗌쁠로 에스 엑셀렌떼.
그 절의 경치는 수려하다.

120

1 인간

2 가정

3 수

4 도시

5 교통

6 업무

7 쇼핑

8 스포츠·취미

9 자연

관련 단어

☐ **Buda** 부다 [f] 부처

☐ **Jesús** 헤수스 [f] 예수

☐ **cielo** 씨엘로 [m] 천국

☐ **infierno** 인피에르노 [m] 지옥

☐ **escrituras budista** 에스끄리뚜라스 부디스따 [f] 불경

☐ **la bíblia** 라 비블리아 [f] 성경

☐ **servicio** 세르비씨오 [m] 예배

☐ **himno** 임노 [m] 찬송가

☐ **karma** 카르마 [m] 업보

☐ **islam** 이슬람 [m] 이슬람교

☐ **musulmán/a** 무술만/나 [myf] 이슬람교도

☐ **actuar** 악뚜아르 실천하다

1 다음 그림과 단어를 연결해 보세요.

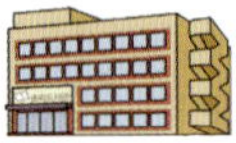

hospital   escuela   biblioteca   cine

2 다음 단어의 뜻을 써보세요.

a) carta _____   sello _____

    reparto a domicilio _____   paquete _____

b) doctor _____   enfermera _____

    paciente _____   dentista _____

c) pastilla _____   tirita _____

    pomada _____   fiebre _____

    gripe _____   herida _____

3 다음 보기에서 단어를 골라 빈칸에 써넣어 보세요.

> a) cajero automático   cajero   número secreto   billete   firma
> b) donut   merienda   hamburguesa   batido

a) 현금인출기 _____   지폐 _____

    서명 _____   비밀번호 _____

b) 도넛 _____   햄버거 _____

    셰이크 _____   간식 _____

· · · ·

· · · ·

ensalada   bistec   sopa   comida marisco

5 다음 단어를 스페인어 혹은 우리말로 고쳐 보세요.

a) 맥주 _____   Cóctel _____   vino _____

건배 _____   resaca _____

b) 로비 _____   reservar _____   ascensor _____

팁 _____   habitación libre _____

6 다음 보기에서 단어를 골라 빈칸에 써넣어 보세요.

a) regla   goma   compañero   libro   silla
b) ciencias   matemática   historia   música   biología

a) 급우 _____   자 _____   지우개 _____

의자 _____   교과서 _____

b) 역사 _____   과학 _____   수학 _____

생물 _____   음악 _____

7 다음 빈칸에 알맞은 단어의 뜻을 써넣어 보세요.

a) ladrón _____   agresión _____ crimen _____

detención _____ evidencia _____ robar _____

b) cristianismo _____ budismo _____ cielo _____

infierno _____ la bíblia _____ himno _____

8 다음 빈칸에 알맞은 스페인어를 써넣어 보세요.

a) 열이 있습니까? ¿Tiene _____?

b) 은행 계좌를 만들고 싶어요. Quiero abrir una _____.

c) 내가 예약해 둘게.(식당) Voy a _____ la mesa.

d) 모닝콜을 해주시겠어요?

Me puede hacer una _____ de wake-up?

e) 내가 가장 좋아하는 과목은 생물입니다.

Mi _____ favorita es _____.

1 인간

2 가정

3 수

4 도시

5 교통

6 업무

7 쇼핑

8 스포츠·취미

9 자연

Theme 5

→ **transporte** 뜨란스뽀르떼 **교통**

vehículos 베이꿀로스 **탈것**

□ **tren** 뜨렌 m 기차, 열차

□ **tren de gran velocidad**(AVE)
뜨렌 데 그란 벨로시닫 m **고속 열차**

□ **camión** 까미온 m 트럭

Como hay muchos paquetes
tendríamos que tener un
camión.
꼬모 아이 무쵸스 빠께떼스 뗀드리아모스 께 떼
네르 운 까미온.
짐이 너무 많아서 트럭이 있어야 할 거 같아.

□ **motocicleta** 모또씨끌레따
f **오토바이** (=moto)

□ **metro** 메뜨로 m **지하철**

Como hay caravana vamos
en metro.
꼬모 아이 까라바나 바모스 엔 메뜨로.
길이 막히니 지하철 타고 가자.

□ **descapotable**
데스까뽀**따**블레 m **오픈카**

Hey! Mola ese descapotable.
에이! 몰라 에세 데스까뽀따블레.
야! 저 오픈카 멋지다.

□ **automóvil** 아우또**모**빌
m **자동차**(=coche)

□ **autobús de dos pisos**
아우또**부**스 데 **도**스 **삐**소스 m **2층 버스**

□ **bicicleta**
비씨끌레따 f 자전거

La bicicleta que estaba
enfrente de casa ya no está.
라 비씨끌레따 께 에스따바 엔프렌떼 데
까사 야 노 에스따.
집 앞에 세워둔 자전거가 없어졌다.

□ **escúter** 에스꾸떼르 m 스쿠터

Este escúter es el que mi
hermano montaba.
에스떼 에스꾸떼르 에스 엘 께 미 에르마노 몬따바.
이 스쿠터는 형이 타던 것이다.

□ **avión** 아비온 m 비행기

□ **helicóptero**
엘리꼽떼로 m 헬리콥터

□ **planeador**
쁠라네아도르 m 경비행기

□ **globo aerostático**
글로보 아에로스따띠꼬
m 기구

□ **yate**
야떼 m 요트(=velero)

□ **barco** 바르꼬 m 배

Este barco va al puerto de Barcelona.
에스떼 바르꼬 바 알 뿌에르또 데 바르셀로나.
이 배는 바르셀로나로 갑니다.

1 인간
2 가정
3 수
4 도시
5 교통
6 업무
7 쇼핑
8 스포츠·취미
9 자연

bicicleta 비씨끌레따 **자전거**

① **manillar** 마니야르 m 핸들

② **palanca de freno** 빨랑까 데 프레노 f 브레이크 레버

③ **sillín** 시인 m 안장

④ **cuadro** 꾸아드로 m 프레임

5 radio 라디오 m 바퀴살

6 funda 푼다 f 타이어

7 cadena 까데나 f 체인

8 pedal 뻬달 m 페달

9 yanta 얀따 f 바퀴축

10 plato 쁠라또 m 기어(톱니바퀴)

11 rueda 루에다 f 바퀴테(금속 부분)

관련 단어

☐ **válvula** 발불라 f 공기 주입구

☐ **tubo** 뚜보 m 튜브

☐ **bicicleta de montaña** 비씨끌레따 데 몬**따**냐 f 산악용 자전거

☐ **bicicleta de ruta** 비씨끌레따 데 **루**따 f 일반 자전거

☐ **carril bici** 까릴 비시 m 자전거 전용도로

1 인간

2 가정

3 수

4 도시

5 교통

6 업무

7 쇼핑

8 스포츠·취미

9 자연

motocicleta 모또씨끌레따 **오토바이**

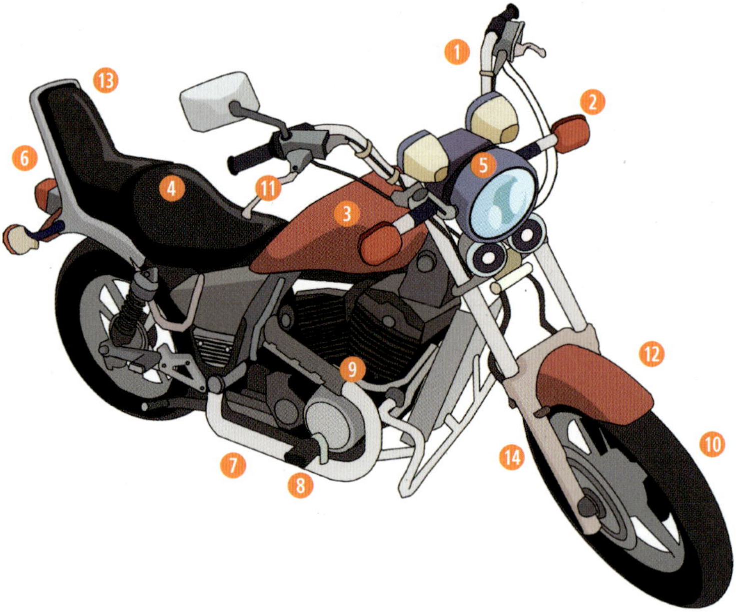

❶ manillar 마니야르 ⓜ 핸들

❷ retrovisor 레뜨로비소르 ⓜ 백미러

❸ tanque de gasolina 땅께 데 가솔리나 ⓜ 연료 탱크

❹ sillín 시인 ⓜ 안장

❺ faro 파로 ⓜ 헤드라이트

130

❻ luz trasera 루쓰 뜨라세라 f 미등

❼ guardabarros 구아르다바로스 mpl 배기관

❽ apoyo 아뽀요 m 페달

❾ motor 모또르 m 엔진

❿ neumático 네우마띠꼬 m 타이어

⓫ freno 프레노 m 브레이크

⓬ apoyadero 아뽀야데로 m 흙받이

⓭ portaequipaje 뽀르따에끼빠헤 m 뒷안장

⓮ suspensión 수스뻰시온 f 완충 장치

관련 단어

☐ **casco** 까스꼬 m 헬멧

☐ **control** 꼰뜨롤 m 제어 장치

automóvil 아우또모빌 **자동차**

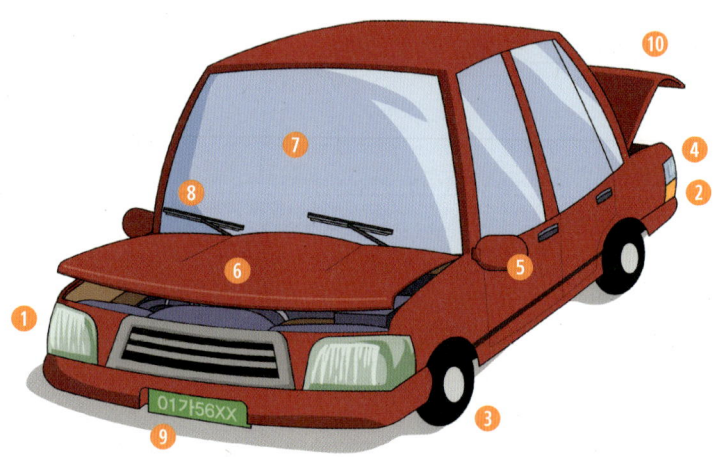

① **foco** 포꼬 m 헤드라이트

② **intermitente** 인테르미**뗀**떼 m 방향등

③ **neumático** 네우**마**띠꼬 m 타이어

④ **luz trasera** 루쓰 뜨라세라 f 미등

⑤ **retrovisor** 레뜨로비**소**르 m 사이드미러

⑥ **capote** 까**뽀**떼 m 보닛

⑦ **parabrisas** 빠라브**리**사스 fpl 앞유리

⑧ **limpiaparabrisas** 림삐아빠라브**리**사스 fpl 와이퍼

⑨ **matrícula** 마뜨**리**꿀라 f 번호판

⑩ **maletero** 말레**떼**로 m 트렁크

1 인간

2 가정

3 수

4 도시

5 교통

6 업무

7 쇼핑

8 스포츠·취미

9 자연

① retrovisor 레뜨로비소르 m (자네) 백미러

② volante 볼란떼 m 핸들, 운전대

③ bocina 보씨나 r 경적, 클랙슨

④ engranajes 엔그라나헤스 r 기어, 변속 손잡이

⑤ freno de mano 프레노 데 마노 m 사이드브레이크

⑥ pedal de freno 뻬달 데 프레노 m 브레이크

⑦ acelerador 아셀레라도르 m 가속페달

⑧ panel de control 빠넬 데 꼰뜨롤 m 계기판

⑨ indicador de gasolina 인디까도르 데 가솔리나 m 연료 표시등

⑩ velocímetro 벨로씨메뜨로 m 속도계

⑪ tacómetro 따꼬메뜨로 m (자동차 엔진의) 회전 속도계

⑫ cuentarrevoluciones 꾸엔따레볼루씨오네스 m 주행 기록계

133

관련 단어

- **airbag** 에어백 f 에어백
- **cinturón de seguridad** 씬뚜론 데 세구리닫 m 안전벨트
- **luces de emergencia** 루쎄스 데 에메르헨시아 fpl 비상등
- **asiento trasero** 아시엔또 뜨라세로 m 뒷자리
- **cierre de puerta** 씨에레 데 뿌에르따 m 문 잠금 장치
- **embrague** 엠브라게 m 클러치
- **climatizador** 끌리마띠싸도르 m 난방 조절 장치
- **radiocasete** 라디오까세떼 m 카오디오
- **batería** 바떼리아 f 배터리
- **motor** 모또르 m 엔진
- **radiador** 라디아도르 m 냉각 장치
- **filtro de aire** 필뜨로 데 아이레 m 공기 필터
- **correa de ventilador** 꼬레아 데 벤띨라도르 f 팬벨트
- **rueda de recambio** 루에다 데 레깜비오 f 예비 타이어
- **estropear** 에스뜨로뻬아르 고장나다
- **pinchazo** 삔차쏘 m 펑크
- **multa** 물따 f 위반 통고장
- **mecánico** 메까니꼬 m 카센터
- **grúa** 그루아 f 견인차

- **infracción de parking** 인프락씨온 데 빠르낑 f 주차위반
- **gasolinera** 가솔리네라 f 주유소
- **aceite** 아쎄이떼 m 윤활유
- **gasolina** 가솔리나 f 휘발유
- **gasoil** 가소일 m 경유
- **auto lavabo** 아우또 라바보 m 세차

Diálogo

A: Revíseme el coche.
레비세메 엘 꼬체.
차 좀 점검해 주세요.

B: ¿Qué problema tiene?
께 쁘로블레마 띠에네?
어떤 문제가 있나요?

A: No cambia bien la caja de cambio y hace un ruido raro en el motor.
노 깜비아 비엔 라 까하 데 깜비오, 이 아세 운 루이도 라로 엔 엘 모또르.
기어 변속이 잘 안 되네요. 또 엔진에서 이상한 소리가 나는 거 같고요.

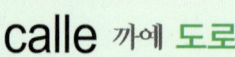
calle 까에 도로

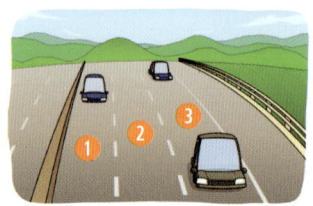

❶ carril interior 까릴 인떼리**오**르 ⓜ 1차선

❷ carril medio 까릴 **메**디오 ⓜ 2차선

❸ carril exterior 까릴 엑스떼리**오**르 ⓜ 3차선

☐ **guardabarros**
구아르다**바**로스
ⓜⓟⓛ 가드레일

☐ **peaje** **뻬**아헤
ⓜ 톨게이트

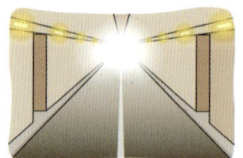

☐ **paso subterráneo**
빠소 수브떼**라**네오 ⓜ 지하도

☐ **paso a desnivel**
빠소 아 데스니**벨** ⓜ 고가 도로

□ **unidireccional**
우니디렉씨오**날** 일방통행로

□ **carretera rústica**
까레**떼**라 **루**스띠까
f 비포장 도로

□ **callejón** 까예혼 m 골목

Si vamos por este callejón
llegamos a mi casa.
시 바모스 뽀르 에스떼 까예혼 에가모스 아
미 까사.
이 골목으로 들어가면 바로 우리 집이야.

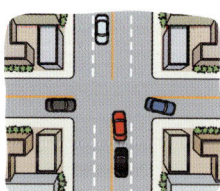

□ **cruce** 끄루쎄 m 교차로, 사거리

Me parece que ha habido un
accidente en el cruce.
메 빠레세 께 아 아비도 운 악시덴떼 엔 엘 끄루
쎄.
교차로에서 사고가 난 것 같다.

□ **paso de cebra**
빠소 데 **쎄**브라 m 횡단보도

□ **acera** 아쎄라 f 인도, 보도

1 인간
2 가정
3 수
4 도시
5 교통
6 업무
7 쇼핑
8 스포츠·취미
9 자연

☐ parada de bus

빠**라**다 데 **부**스 🔳 버스 정류소

Nos vemos a las dos en
la parada de bus.

노스 베모스 아 라스 도스 엔 라 빠라
다 데 부스.

우리 두 시에 버스 정류소에서 만나.

☐ aparcamiento

아**빠**르까미**엔**또 🔳 주차장

El aparcamiento estaba lleno
y no pude entrar.

엘 아빠르까미엔또 에스따바 예노 이 노 뿌데
엔뜨라르.

주차장이 꽉 차서 들어갈 수 없었다.

☐ señal de trafico

세**냘** 데 뜨라**피**꼬 🔳 교통 표지판

☐ semáforo

세**마**포로 🔳 신호등

Espera, cuando el semáforo
sea verde pasamos.

에스뻬라, 꾸안도 엘 세마포로 세아 베르
데 빠사모스.

좀 기다려. 신호등이 켜지면 건너야지.

☐ farola 파**롤**라 🔳 가로등

La farola está estropeada y el
lugar está oscuro.

라 파롤라 에스따 에스뜨로뻬아다 이 엘 루가
르 에스따 오스꾸로.

가로등이 고장나서 주변이 어둡다.

1 인간

2 가정

3 수

4 도시

5 교통

6 의무

7 쇼핑

8 스포츠·취미

9 자연

관련 단어

□ **desvió** 데스비오 ⓜ 우회도로

□ **mediana** 메디아나 ⓕ 중앙분리대

□ **prohibido el paso** 쁘로히비도 엘 빠소 ⓜ 진입금지

□ **limite de velocidad** 리미떼 데 벨로씨닫 ⓜ 제한속도

□ **peligro** 뻴리그로 ⓜ 위험

□ **dirección** 디렉씨온 ⓕ 방향

□ **caravana** 까라바나 ⓕ 교통체증

Diálogo

A: Me parece que por aquí sale el centro.
메 빠레세 께 뽀르 아끼 살레 엘 쎈뜨로.
이쯤에서 번화가가 나올 것 같은데….

B: Allí hay una señal. Después del semáforo tendría que girar a la derecha por la calle grande.
아이 아이 우나 세냘. 데스뿌에스 델 세마포로 뗀드리아 께 히라르 아 라 데레차 뽀르 라 까에 그란데.
저기 도로 표지가 있어. 신호등을 지나 다음 큰길에서 우회전하면 되겠다.

A: Pero aquí el trafico está complicado.
뻬로 아끼 엘 뜨라피꼬 에스따 꼼쁠리까도.
그런데 여긴 정말 교통 체증이 심하구나.

tren 뜨렌 기차

□ estación de tren

에스따씨온 데 뜨렌 [f] 기차역

La estación de tren estaba
abarrotada de mucha gente.

라 에스따씨온 데 뜨렌 에스따바 아바로따다
데 무차 헨떼.

기차역은 많은 사람들로 북적대고 있었다.

□ vagón

바곤 [m] 객실

El vagón está vacio,
porque es un día laboral.

엘 바곤 에스따 바시오, 뽀르께 에스 운
디아 라보랄.

평일이라서 그런지 객실이 텅 비었네.

□ asiento 아시엔또 [m] 좌석

Si es posible, me da un asiento de
ventana.

시 에스 뽀시블레, 메 다 운 아시엔또 데 벤따나.

가능하면 창가 쪽 좌석으로 주세요.

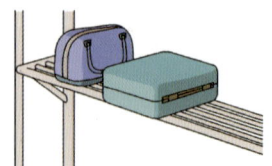

□ posa equipaje

뽀사 에끼빠헤 [f] 수화물 선반

□ coche cama

꼬체 까마 [m] 침대차

estación de tren 에스따씨온 데 뜨렌 기차역

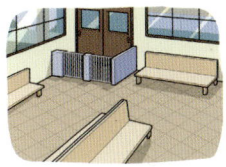

□ **sala de espera**
살라 데 에스**뻬**라 🄵 대합실

Hay una abuela que se está
durmiendo en la sala de espera.
아이 우나 아부엘라 께 세 에스따 두르미엔도 엔
라 살라 데 에스뻬라.
대합실에서 할머니 한 분이 졸고 계신다.

□ **expendedor**
엑스뻰데**도**르 🄼 승차권 판매기

□ **información**
인포르마씨온 🄵 안내소

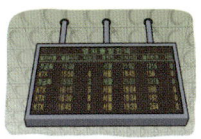

□ **tablón de horario**
따블**론** 데 오라리오
🄼 기차 시간표

□ **mapa de ruta**
마**빠** 데 **루**따 🄼 노선도

□ **revisor** 레비소르 🄼 검표원

1 인간

2 가정

3 수

4 도시

5 교통

6 여무

7 쇼핑

8 스포츠·취미

9 자연

관련 단어

□ **vía** 비아 f 철도, 선로

□ **exprés** 엑스프레스 m 특급, 급행(열차)

□ **tren comedor** 뜨렌 꼬메도르 m 식당차

□ **ventanilla de billete** 벤따니야 데 비에떼 f 티켓 창구

□ **tarifa** 따리파 f 교통비

□ **entrada** 엔뜨라다 f 입장권

□ **abono mensual** 아보노 멘수알 m 정기권

□ **tablón de precios** 따블론 데 쁘레시오스 m 요금표

□ **billete de ida** 비에떼 데 이다 m 편도 티켓

□ **billete de ida y vuelta** 비에떼 데 이다 이 부엘따 m 왕복 티켓

□ **expendedor automático**
엑스뻰데도르 아우또마띠꼬 m 자동개찰구

□ **empleado/a de estación**
엠쁠레아도/다 데 에스따시온 m 역 직원

□ **maquinista** 마끼니스따 mf 기관사

□ **centro de objetos perdidos**
쎈뜨로 데 오브헤또스 뻬르디도스 m 분실물센터

□ **lavabo** 라바보 m 화장실

□ **entrada de metro** 엔뜨라다 데 메뜨로 f 지하철 입구

□ **salida** 살리다 f 출구

□ **última estación** 울띠마 에스따시온 f 종착역

1 인간

2 가정

3 수

4 도시

5 교통

6 업무

7 쇼핑

8 스포츠·취미

9 지역

□ **subir al tren** 수비르 알 뜨렌 열차를 타다

□ **bajar del tren** 바하르 델 뜨렌 열차에서 내리다

□ **cambiar de tren** 깜비아르 데 뜨렌 열차를 갈아타다

□ **pasarse de estación**
빠사르세 데 에스따시온 내릴 역(정거장)을 지나치다

□ **Ir al trabajo** 이르 알 뜨라바호 출근하다

□ **salir del trabajo** 살리르 델 뜨라바호 퇴근하다

□ **ceder el asiento** 쎄데르 엘 아시엔또 자리를 양보하다

□ **parada** 빠라다 f. 도중하차

□ **vacío** 바씨오 비어 있는

□ **abarrotado** 아바로따도 혼잡한

□ **dormirse** 도르미르세 졸다

□ **mareo** 마레오 m. 차멀미

□ **el primer tren** 엘 쁘리메르 뜨렌 첫차

□ **el último tren** 엘 울띠모 뜨렌 막차

Diálogo

A: ¡Vamos a ver el tablón de horario para ver la frecuencia del bus!
바모스 아 베르 엘 따블론 데 오라리오 빠라 베르 라 프레꾸엔시아 델 부스.
시간표 보고 버스 운행 간격을 알아보자.

B: Iré yo a comprobar al mostrador de información.
이레 요 아 꼼쁘로바르 알 모스따도르 데 인포르마씨온
내가 안내소로 가서 물어볼게.

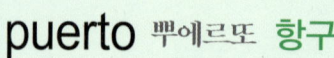

puerto 뿌에르또 **항구**

❶ **ancla** 앙끌라 f 닻

❷ **radar** 라다르 m 레이더

❸ **proa** 쁘로아 f 뱃머리

❹ **cubierta** 꾸비에르따 f 갑판

❺ **cabina** 까비나 f 선실

❻ **casco** 까스꼬 m 선체

❼ **popa** 뽀빠 f 고물, 선미

❽ cubierta trasera 꾸비에르따 뜨라세라 `f` 뒷갑판

❾ ferri 페리 `m` 여객선

❿ muelle 무에예 `m` 부두

⓫ faro 파로 `m` 등대

⓬ rompeolas 롬뻬올라스 `fpl` 방파제

⓭ carga 까르가 `f` 화물

⓮ mar 마르 `m` 바다

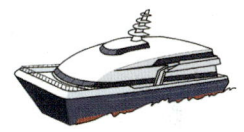

☐ **bote** 보떼 `m` 배

☐ **nave** 나베 `m` 배(bote 보다 큰 것)

☐ **lancha** 란차 `f` 프로펠러

☐ **bote salvavidas**
보떼 살바비다스 `m` 구명보트

☐ **remo** 레모 `m` 노

관련 단어

☐ **cuerda** 꾸에르다 `f` 닻줄

☐ **sala de máquinas** 살라 데 마끼나스 `f` 기관실

☐ **timón** 띠몬 `m` 키, 방향키

☐ **crucero** 끄루쎄로 `m` 유람선

☐ **pesquero** 뻬스께로 `m` 어선

☐ **carguero** 까르게로 `m` 화물선

☐ **guardacostas** 구아르다꼬스따스 `fpl` 해안 경비대

1 인간
2 가정
3 수
4 도시
5 교통
6 업무
7 쇼핑
8 스포츠·취미
9 자연

avión 아비온 비행기

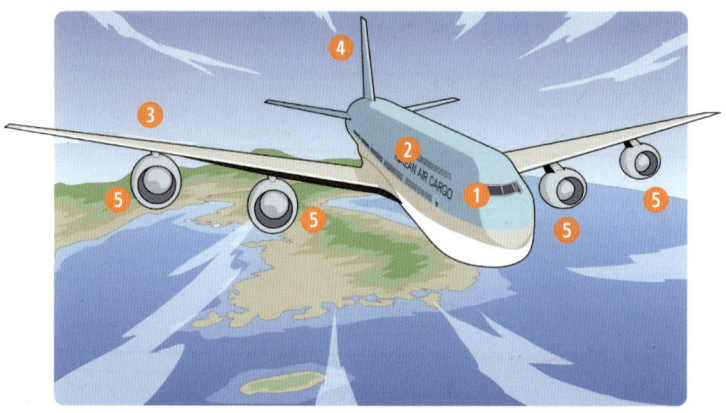

❶ cabina de mando 까비나 데 만도 f 조종실

❷ cabina 까비나 f 객실

❸ ala 알라 f 날개

❹ cola 꼴라 f 꼬리

❺ motor 모또르 m 엔진

☐ **lavabo** 라바보 m 화장실

☐ **vacio** 바씨오 비어 있음

☐ **ocupado** 오꾸빠도 사용 중

1 인간
2 가정
3 수
4 도시
5 교통
6 업무
7 쇼핑
8 스포츠·취미
9 자연

관련 단어

- □ **salida de emergencia** 살리다 데 에메르**헨**시아 🔲f 비상구

- □ **pasillo** 빠시요 🔲m 통로

- □ **despegar** 데스뻬**가**르 이륙하다

- □ **aterrizar** 아떼리**싸**르 착륙하다

- □ **destino** 데스**띠**노 🔲m 목적지

- □ **altitud** 알띠뚣 🔲f 고도

- □ **cambio horario** 깜비오 오**라**리오 🔲m 시차증

- □ **clase primera** 끌라세 쁘리**메**라 🔲f 일등석, 퍼스트클래스

- □ **clase business** 끌라세 비즈니스 🔲f 비즈니스석

- □ **clase económica** 끌라세 에꼬**노**미까 🔲f 일반석, 이코노미석

Diálogo

A: Por fin embarcaremos en el avión. Tengo
muchas ganas de disfrutar de este viaje.
뽀르 핀 엠바르까레모스 엔 엘 아비온. 뗑고 무차스 가나스 데 디스프루따
르 데 에스떼 비아헤.
드디어 비행기가 이륙하려나 봐. 정말 이 여행 기대된다.

B: Yo también, pero tenemos que estar dos horas
sentados en este estrecho asiento····.
요, 땀비엔. 뻬로 떼네모스 께 에스따르 도스 오라스 센따도스 엔 에스떼 에
스뜨레초 아시엔또.
나도 그래. 하지만 이 좁은 일반석에서 두 시간이나 앉아 있어야 한다니····.

A: Pero por mí con solo esto me vale mucho.
뻬로 뽀르 미 꼰 솔로 에스또 메 발레 무초.
이것만 해도 난 감지덕지다.

aeropuerto 아에로뿌에르또 공항

□ vuelo comercial
부**엘**로 꼬메르씨**알** m 여객기

□ tarjeta de embarque
따르**헤**따 데 엠**바**르께 f 탑승권

□ pasaporte 빠사**뿌**르떼 m 여권
¿Has cogido el pasaporte y el
billete de embarque?
아스 꼬히도 엘 빠사**뿌**르떼 이 엘 비에떼 데
엠바르께?
너 여권이랑 탑승권 잘 챙겼지?

□ mostrador de facturación
모스뜨라**도**르 데 팍뚜라씨**온**
m 탑승 수속 카운터

□ número de puerta
누메로 데 **뿌**에르따 m 탑승구 번호

□ sala de embarque
살라 데 엠**바**르께 f 탑승 대기실

□ carrito 까**리**또 m 카트

□ pista 삐스따 [f] 활주로

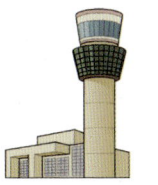

□ torre de control
또레 데 꼰뜨롤 [m] 관제탑

□ cinta transportadora
씬따 뜨란스뽀르따도라 [f] 수화물 컨베이어

⬤ 관련 단어

□ monitor de llegadas y salidas
모니또르 데 예가다스 이 살리다스 도착/출발 표시 화면

□ terminal 떼르미날 [m] 공항 건물

□ equipaje de mano 에끼빠헤 데 마노 [m] 수하물

□ área de reclamación de equipaje
아레아 데 레끌라마씨온 데 에끼빠헤 [f] 수화물 취급소

□ inspección 인스뻭씨온 [f] 검사

□ detector de metal 데떽또르 데 메딸 [m] 금속 탐지기

□ inmigración 인미그라씨온 [f] 출입국 심사대

1 인간
2 가정
3 수
4 도시
5 교통
6 업무
7 쇼핑
8 스포츠·취미
9 자연

□ **aduana** 아두**아**나 [f] 세관

□ **cuarentena** 꾸아렌**떼**나 [f] 검역

□ **vuelo nacional** 부**엘**로 나씨오**날** [m] 국내선

□ **vuelo internacional** 부**엘**로 인떼르나씨오**날** [m] 국제선

□ **tienda de libre impuesto** 띠엔다 데 **리**브레 임뿌**에**스또 [f] 면세점

□ **visado** 비**사**도 [m] 비자, 사증

□ **número de vuelo** 누메로 데 부**엘**로 [m] 항공편 번호

□ **puente** 뿌**엔**떼 [m] (탑승용) 통로

□ **mostrador de reserva** 모스뜨라**도**르 데 레세**르**바 [m] 예약 카운터

□ **mantenerse** 만떼**네**르세 취소 대기

□ **conexión** 꼬넥시**온** [f] 연결편

□ **manta** 만따 [f] 모포

Diálogo

A: Disculpe, no puedo encontrar mi asiento.
디스꿀뻬, 노 뿌에도 엔꼰뜨라르 미 아시엔또.
실례합니다. 제 좌석을 찾을 수가 없네요.

B: ¿Me puede enseñar su tarjeta de embarque?
메 뿌에데 엔세냐르 수 따르헤따 데 엠바르께?
탑승권을 보여주시겠습니까?

A: Es el sexto asiento de esta hilera.
에스 엘 섹스또 아시엔또 데 에스따 일레라.
이 줄 여섯 번째 좌석입니다.

1 다음 그림을 단어와 연결시키세요.

•   •   •   •   •

•   •   •   •   •

motocicleta   tren   barco   descapotable   avión

2 다음 단어의 뜻을 써보세요.

a) cuadro _____   cadena _____   bicicleta _____
   sillín _____   freno _____

b) tanque de gasolina _____   neumático _____
   casco _____   apoyadero _____
   portaequipaje _____

c) capote _____   limpiaparabrisas _____
   volante _____   bocina _____   matrícula _____

d) carril interior _____   paso subterráneo _____
   peligro _____   dirección _____   cruce _____

3 다음 보기에서 단어를 골라 빈칸에 써넣어 보세요.

a) vía   exprés   tablón de horario   tarifa
   última estación

b) casco   cubierta   muelle   carga   ancla

a) 특급 _____   교통비 _____   철도 _____

종착역 _____ 기차 시간표 _____

b) 화물 _____ 부두 _____ 선체 _____

갑판 _____ 닻 _____

4 다음 단어의 뜻을 써보세요.

salida de emergencia _____

tarjeta de embarque _____

vuelo comercial _____ pista _____

lavabo _____ despegar _____

5 다음 빈칸에 알맞은 스페인어를 써넣어 보세요.

a) 이 근처에 주차장이 있습니까? ¿Hay un _____ cerca de aquí?

b) 제 수하물을 잃어버렸어요. He perdido mi _____.

c) 목적지가 어디세요? ¿Dónde es su _____?

d) 어디에서 열차를 갈아타야 할까요?
¿En dónde tengo que _____ de tren?

 정답

1 열차 – tren 비행기 – avión 오토바이 – motocicleta 오픈카 – descapotable
배 – barco

2 a) 프레임 체인 자전거 안장 브레이크
b) 연료 탱크 타이어 헬멧 흙받이 뒷안장
c) 보닛 와이퍼 운전대 경적(클랙슨) 번호판
d) 1차선 지하도 위험 방향 교차로

3 a) exprés tarifa vía última estación tablón de horario
b) carga muelle casco cubierta ancla

4 비상구 탑승권 여객기 활주로 화장실 이륙하다

5 a) aparcamiento b) equipaje de mano c) destino d) cambiar

Theme 6

→ negocios 네고씨오스 업무

1 인간
2 가정
3 수
4 도시
5 교통
6 업무
7 쇼핑
8 스포츠·취미
9 자연

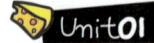

ocupaciones 오꾸빠씨오네스 **직업**

☐ **azafata** 아싸파따 `f` 스튜어디스

☐ **policía** 뽈리시아 `mf` 경찰관

☐ **deportista**
데뽀르띠스따 `mf` 운동선수

☐ **doctor/a**
독또르/라 `myf` 의사

☐ **panadero/a**
빠나데로/라 `myf` 제빵사

☐ **cantante** 깐딴떼 `mf` 가수

La canción de ese cantante
es divertida.
라 깐시온 데 에세 깐딴떼 에스 디베르띠다.
저 가수의 노래는 정말 신나.

☐ **cocinero/a**
꼬씨네로/라 `myf` 요리사

¿Los cocineros cocinarán bien
es sus casas?
로스 꼬씨네로스 꼬씨나란 비엔 에스 수스 까사스?
요리사들은 집에서도 요리를 잘 할까요?

□ **profesor/a** 쁘로페소르/라
[myf] 교사 (=maestro)

□ **profesor/a** 쁘로페소르/라
[myf] 교수

La lección del profesor de filosofía era aburrida.
라 렉시온 델 쁘로페소르 데 필로소피아 에라 아부리다.
철학 교수의 강의는 정말 지루했다.

□ **abogado/a** 아보가도/다
[myf] 변호사

Se dice que ese abogado tiene mucho patrimonio.
세 디세 께 에세 아보가도 띠에네 무쵸 빠뜨리모니오.
그 변호사는 재산이 무척 많대.

□ **taxista** 딱시스따
[mf] 택시기사

□ **artista** 아르띠스따 [mf] 연예인

¿Por qué curioseamos la vida de los artistas?
뽀르 께 꾸리오세아모스 라 비다 데 로스 아르띠스따스?
연예인의 사생활이 왜 그렇게 궁금할까요?

□ **personalidad televisiva**
뻬르소나리닫 뗄레비시바 [f] 탤런트

Cuando sale esa personalidad telesiva mi hermano se emociona.
꾸안도 살레 에사 뻬르소날리닫 뗄레비시바 미 에르마노 세 에모씨오나.
저 탤런트만 나오면 우리 오빠는 너무 좋아해.

□ **soldado**
솔다도 [mf] 군인

1 인간
2 가정
3 수
4 도시
5 교통
6 업무
7 쇼핑
8 스포츠·취미
9 자연

□ carpintero/a

까르삔**떼**로/라 myf 목수

□ actor 악**또**르 m 배우
□ actriz 악뜨리스 f 여자 배우

□ agricultor/a

아그리꿀**또**르/라 myf 농부

Mi padre es agricultor.

미 빠드레 에스 아그리꿀또르.
우리 아버지는 농부이시다.

□ intérprete

인**떼**르쁘레떼 mf 통역사

La intérprete era una mujer
joven y guapa.

라 인떼르쁘레떼 에라 우나 무헤르 호벤 이
구아빠.
통역사는 젊고 예쁜 여자였다.

□ director/a de cine

디렉**또**르/라 데 **씨**네 myf 영화감독

□ jardinero/a

하르디**네**로/라 myf 원예사

156

□ cartero/a
까르**떼**로/라 [myf] 우편집배원

□ asalariado/a
아살라리**아**도/다 [myf] 샐러리맨

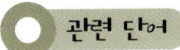
관련 단어

□ **ama de casa** **아**마 데 **까**사 [f] 가정주부

□ **auditor/a** 아우디**또**르/라 [myf] 회계사

□ **banquero/a** 방**께**로/라 [myf] 은행원

□ **diseñador/a** 디세냐**도**르/라 [myf] 디자이너, 설계사

□ **novelista** 노벨리스**따** [mf] 소설가

Diálogo

A: ¿Qué hace Ud.?
께 아세 우스**뗃**?
직업이 뭐예요?

B: Soy estudiante universitario.
소이 에스뚜디안떼 우니베르시따리오.
대학생이에요.

A: ¿Qué es su carrera?
께 에스 수 까레라?
전공이 뭐예요?

B: Estudio administración de empresa.
에스뚜디오 아드미니스뜨라씨온 데 엠쁘레사.
경영입니다.

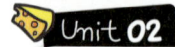

puesto de trabajo 뿌에스또 데 뜨라바호 **직위**

□ **presidente/a**
쁘레시**덴**떼/따 myf 회장

□ **secretario/a** 세끄레**따**리오/아
myf 비서 (정부조직에서는 '장관'을 뜻함)

□ **compañero/a**
꼼빠**녜**로/라 myf 동료

Hoy tengo cena con mis
compañeros de trabajo.
오이 뗑고 쎄나 꼰 미스 꼼빠녜로스 데
뜨라바호.
오늘 직장 동료들과 회식이 있다.

□ **supervisor/a**
수뻬르비**소**르/라 myf 상사

□ **personal** 뻬르소**날** m 부하

□ **entrevista**
엔뜨레**비**스따 f 면접

□ **entrevistador/a**
엔뜨레비스따**도**르/라 myf 면접관

□ **entrevistado/a**
엔뜨레비스**따**도/다 myf 면접 보는 사람

1 인간

2 가정

3 수

4 도시

5 교제

6 업무

7 쇼핑

8 스포츠·취미

9 자연

관련 단어

□ **oficina central** 오피시나 쎈뜨랄 f 본사

□ **sucursal** 수꾸르살 f 지사

□ **gerente general** 헤렌떼 헤네랄 mf 사장, 대표

□ **director/a ejecutivo/a** 디렉또르/라 에헤꾸띠보/바 myf 전무

□ **director/a general** 디렉또르/라 헤네랄 myf 상무

□ **consejero/a** 꼰세헤로/라 myf 고문

□ **director/a** 디렉또르/라 myf 숭역

□ **jefe/a de departamento** 헤페/파 데 데빠르따멘또 myf 부장

□ **encargado/a** 엔까르가도/다 myf 과장

□ **asistente de gerente** 아시스뗀떼 데 헤네떼 mf 대리

□ **empleado/a** 엠쁠레아도/다 myf 평사원

□ **recién llegado/a** 레시엔 에가도/다 myt 신입사원

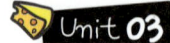

trabajo 뜨라바호 일

□ **ascenso** 아스쎈소 m 승진

□ **renuncia** 레눈씨아 f 사직

□ **viaje de trabajo**

비아헤 데 뜨라바호 m 출장

El se va de viaje de trabajo a España.

엘 세 바 데 비아헤 데 뜨라바호 아 에스빠냐.
그는 스페인으로 출장을 간다.

□ **conferencia**

꼰페렌시아 f 회의(=reunion)

La reunión se alargó y no he podido comer.

라 레우니온 세 알라르고 이 노 에 뽀디도 꼬메르.
회의가 길어져서 점심도 못 먹었다.

□ **día libre**

디아 리브레 m 휴가(=vacaciones)

No puedo planificar mis vacaciones porque tengo mucho trabajo.

노 뿌에도 쁠라니피까르 미스 바까시오네스 뽀르
께 뗑고 무쵸 뜨라바호.
바빠서 휴가 계획을 잡을 수 없다.

□ **pensión** 뻰시온 f 연금

Mi padre después de jubilarse cobra la pensión.

미 빠드레 데스뿌에스 데 후빌라르세 꼬
브라 라 뻰시온.
아버지는 퇴직 후 연금을 받으신다.

관련 단어

□ **salario** 살라리오 `m` 임금

□ **sueldo** 수엘도 `m` 월급

□ **día de paga** 디아 데 **빠**가 `m` 월급날

□ **plus** 쁠루스 `m` 보너스(=prima)

□ **negociación** 네고시아시**온** `f` 협상

□ **entrevista** 엔뜨레비스따 `f` 면접

□ **currículum (vitae)** 꾸리꿀룸 `m` 이력서

□ **empleo** 엠쁠레오 `m` 채용

□ **entrar a trabajar** 엔뜨라르 아 뜨라바**하**르 취직하다

□ **llegar tarde** 예가르 **따**르데 지각하다

□ **ausencia** 아우**센**씨아 `f` 결근

□ **baja por enfermedad** 바하 뽀르 엔페르메**닫** `f` 병가

□ **horario laboral** 오라리오 라보**랄** `m` 근무 시간(=horario de trabajo)

□ **trabajo de jornada completa**
　　뜨라**바**호 데 호르**나**다 꼼쁠레따 `m` 정규직

□ **trabajo de media jornada**
　　뜨라**바**호 데 **메**디아 호르**나**다 `m` 아르바이트, 계약직

□ **por cuentanpropía** 뽀르 꾸엔딴쁘로**삐**아 자유직(=por libre)

□ **autónomo** 아우**또**노모 `mf` 프리랜서, 자유직 종사자

□ **dejar (el) trabajo** 데하르 (엘) 뜨라**바**호 퇴사하다

□ **jubilación** 후빌라씨**온** `f` 은퇴(=retiro)

oficina 오피씨나 사무실

□ **escritorio**

에스끄리또리오 ⓜ 사무용 책상

¿Qué producto es bueno para
el escritorio de oficina?

께 쁘로둑또 에스 부에노 빠라 엘 에스끄리또
리오 데 오피시나?

사무용 책상은 어떤 제품이 좋습니까?

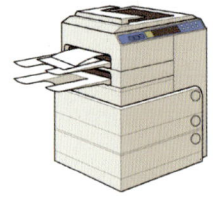

□ **fotocopiadora**

포또꼬삐아도라 ⓕ 복사기

□ **telefax** 뗄레팍스 ⓜ 팩시밀리

□ **teléfono** 뗄레포노 ⓜ 전화기

□ **móvil** 모빌 ⓜ 휴대폰

Wow, eso es un móvil de los últimos
modelos.

와우, 에소 에스 운 모빌 데 로스 울띠모스 모델로스.

와, 그거 정말 최신형 휴대폰이구나!

□ **calculadora**
깔꿀라**도**라 f 계산기

□ **agenda** 아**헨**다 f 다이어리

No suelo utilizar la agenda.
노 수엘로 우띨리싸르 라 아헨다.
나는 다이어리를 잘 쓰지 않는다.

□ **calendario** 깔렌**다**리오 m 달력

Uf, tengo que pasar otra página
del calendario.
우프, 뗑고 께 빠사르 오뜨라 빠히나 델 깔렌다
리오.
휴, 달력을 또 한 장 넘겨야겠네.

□ **marco** 마르꼬 m 액자

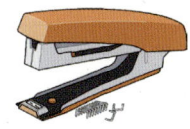

□ **grapadora** 그라빠**도**라 f 스테플러

Ordenas esta documentación, y me
lo grapas.
오르데나스 에스따 도꾸멘따씨온 이 메 로 그라빠스.
이 서류들 정리해서, 스테플러로 찍어 주세요.

□ **chincheta**
친**체**따 f 압정

1 인간
2 가정
3 수
4 도시
5 교통
6 업무
7 쇼핑
8 스포츠·취미
9 자연

163

관련 단어

☐ **rotulador** 로뚤라도르 Ⓜ 매직펜(=marcador)

☐ **bolígrafo** 볼리그라포 Ⓜ 볼펜

☐ **rotulador** 로뚤라도르 Ⓜ 사인펜(=plumín, plumón)

☐ **corrector** 꼬렉또르 Ⓜ 수정액(=tippex)

☐ **florescente** 플로레스쎈떼 Ⓜ 형광펜

☐ **archivo** 아르치보 Ⓜ 서류철(=carpesano)

Diálogo

A: **Estoy cabreado.**
에스또이 까브레아도.
짜증나 죽겠어!

B: **¿Qué pasa?**
께 빠사?
무슨 일이야?

A: **Esta impresora se ha estropeado otra vez. Es la
cuarta vez hoy.**
에스따 임쁘레소라 세 아 에스뜨로뻬아도 오뜨라 베스. 에스 라 꾸아르따
베스 오이.
프린터에 또 종이가 끼었네. 이게 오늘로 네 번째야.

B: **¿Cuántas copias necesitas hacer?**
꾸안따스 꼬삐아스 네세시따스 아세르?
몇 장을 복사해야 하는데?

A: **Veinte. ¿Puedo usar tu impresora?**
베인떼. 뿌에도 우사르 뚜 임쁘레소라?
20장. 여기 프린터 좀 사용해도 될까?

B: **Sí, todo tuyo.**
씨, 또도 뚜이오
응, 그래.

ordenador 오르데나도르 컴퓨터

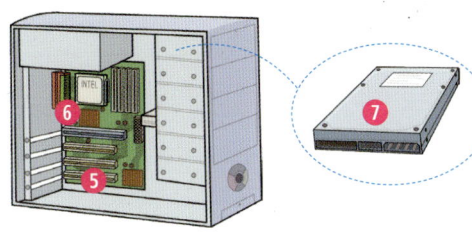

❶ monitor 모니또르 m 모니터

❷ LCD 엘씨디 m 액정

❸ teclado 떼끌라도 m 키보드

❹ ratón 라똔 m 마우스

❺ junta del sistema 훈따 델 시스떼마 f 마더보드

❻ unidad central de proceso, CPU
우니닫 센뜨랄 데 쁘로세소 f 중앙처리장치, CPU

❼ disco duro 디스꼬 두로 m 하드디스크

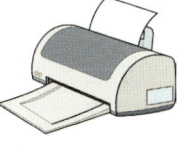

□ impresora
임쁘레소라 f 프린터

□ escáner
에스까네르 m 스캐너

□ portátil
뽀르따띨 m 노트북 컴퓨터

1 인간
2 가정
3 수
4 도시
5 교통
6 업무
7 쇼핑
8 스포츠 취미
9 자연

관련 단어

- □ cursor 꾸르소르 m 커서
- □ icono 이꼬노 m 아이콘
- □ clic 끌릭 m 클릭
- □ doble click 도블레 끌릭 m 더블 클릭
- □ arrastrar y soltar 아라스뜨라르 이 솔따르 드래그 앤 드롭
- □ instalar 인스딸라르 설치하다
- □ copia de seguridad 꼬삐아 데 세구리닷 f 백업
- □ clasificar 끌라시피까르 정렬시키다
- □ encender 엔센데르 전원을 켜다
- □ inicializar 이니씨알리싸르 초기화하다
- □ colgarse 꼴가르세 다운되다

internet 인떼르네뜨 **인터넷**

1 인간

2 가정

3 수

4 도시

5 교육

6 업무

7 쇼핑

8 스포츠·취미

9 자연

□ **navegador**
나베가도르 인터넷 익스플로러

□ **sitio web** 씨띠오 웹 **웹사이트**

No sé, ¿vamos a buscar en la
página sitio web?
노 세, 바모스 아 부스까르 엔 라 빠히나 시띠오 웹?
글쎄, 웹사이트에서 찾아볼까?

□ **página web** 빠히나 웹 f 홈페이지

Está explicado en la página web
de nuestra empresa.
에스따 엑스쁠리까도 엔 라 빠히나 웹 데
누에스뜨라 엠쁘레사.
저희 회사 홈페이지에 설명되어 있습니다.

□ **navegar** 나베가르
정보 검색

□ **banner** 바네르
m 배너, 띠 모양의 광고

□ **bajar** 바하르
다운로드(=descargar)

□ correo electrónico

꼬레오 엘렉뜨로니꼬 [m] 이메일

Ahora te lo envío por correo electrónico.

아오라 떼 로 엔비오 뽀르 꼬레오 엘렉뜨로니꼬.

내가 지금 이메일로 보낼게.

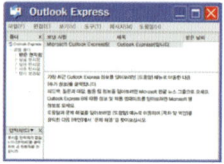

□ recibidos 레씨**비**도스

[mpl] 받은 편지함

□ enviados 엔비**아**도스

[mpl] 보낸 편지함

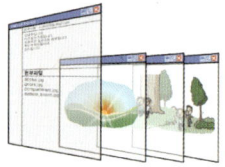

□ documento adjunto

도꾸**멘**또 아드**훈**또 [m] 첨부

Mira el documento adjunto y me llamas otra vez.

미라 엘 도꾸멘또 아드훈또 이 메 야마스 오뜨라 베쓰.

첨부 파일을 보시고 다시 연락 주세요.

□ fuente 푸**엔**떼 [f] 글꼴

Esta fuente no es tan bonita.

에스따 푸엔데 노 에스 딴 보니따.

이 글꼴은 좀 예쁘지가 않아.

□ adicción a internet

아딕씨**온** 아 인떼르**넷** [f] 인터넷 중독

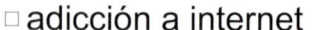

1 인간

2 가정

3 수

4 도시

5 교통

6 업무

7 쇼핑

8 스포츠·취미

9 자연

관련 단어

□ **conectado** 꼬넥**따**도 온라인(=enlinea)

□ **sistema de boletín** 시스**떼**마 데 볼레**띤** m 전자 게시판

□ **blog** 블로그 m 블로그(web log)

□ **dominio** 도미니오 m 도메인 (주소)

□ **sitio portal** 시띠오 뽀르딸 m 인터넷 포털 사이트

□ **router** 로우**떼**르 m 라우터, 공유기

□ **error** 에로르 m 프로그램의 오류, 결함

□ **cookie** 쿠키 m 인터넷 임시 저장 파일

□ **red de área local** 레드 데 **아**레아 로**깔** f 근거리 통신망, 랜

□ **fire wall** 파이어 월 m 방화벽

□ **preguntas frecuentes** 쁘레**군**따스 프레꾸**엔**떼스
  fpl 자주 묻는 질문, FAQ

□ **respuesta** 레스**뿌**에스따 f 대답, 댓글

□ **ethernet** 에떼르네뜨 m 이더넷 (랜선으로 연결하여 인터넷으로 접속하는 방법)

comunicación 꼬무니까시온 **의사소통**

□ conversación
꼰베르사시온 f 대화

□ saludo 살루도 m 인사

□ pase unos a otros
빠세 우노스 아 오또로스
(사상·감정이) 서로 통하다

□ confesar
꼰페사르 **고백하다**

□ argumento
아르구멘또 m 말다툼

□ disculpa
디스꿀빠 f 사과

1 인간
2 가정
3 수
4 도시
5 교통
6 업무
7 쇼핑
8 스포츠·취미
9 자연

관련 단어

- □ **acento** 악쎈또 m 말투
- □ **dialecto** 디아렉또 m 사투리
- □ **actitud** 악띠뚣 f 태도
- □ **opinión** 오삐니온 f 의견

- □ **invitación** 인비따씨온 f 초대
- □ **reunión** 레우니온 f 모임
- □ **relación** 렐라씨온 f 관계
- □ **introducción** 인뜨로둑씨온 f 소개
- □ **tema** 떼마 m 화제, 주제
- □ **pros y contras** 쁘로스 이 꼰뜨라스 mpl 찬성과 반대
- □ **positivo** 뽀시띠보 긍정적인
- □ **negativo** 네가띠보 부정적인

- □ **acuerdo** 아꾸에르도 m 거래
- □ **insistir** 인시스띠르 주장하다
- □ **explicar** 엑스쁠리까르 설명하다

1 다음 그림과 단어를 연결해 보세요.

· · · · ·

· · · · ·

cocinero　　cantante　　agricultor　　actor　　profesor

2 다음 단어를 스페인어 혹은 우리말로 고쳐 보세요.

a) presidente _____　　secretaria _____

recién llegado _____　　entrevistador _____

empleado _____

b) pensión _____　　월급 _____

보너스 _____　　autónomo _____

ascenso _____

3 다음 보기에서 단어를 골라 빈칸에 써넣어 보세요.

> a) calculadora　fotocopiadora　grapadora　corrector
> bolígrafo
> b) instalar　cursor　clic　ratón　monitor

a) 스테플러 _____　　수정액 _____　　복사기 _____

계산기 _____　　볼펜 _____

b) 클릭 _____   설치하다 _____   모니터 _____

마우스 _____   커서 _____

4 다음 단어를 스페인어 혹은 우리말로 고쳐 보세요.

a) 배너 _____   dominio _____

온라인 _____   홈페이지 _____   이메일 _____

b) acento _____   invitatción _____

conversación _____   opinión _____

disculpa _____

5 다음 빈칸에 알맞은 스페인어를 써넣어 보세요.

a) 오늘 구직 면접이 있다. Hoy tengo una _____ para trabajo.

b) 내 컴퓨터는 가끔 다운된다. A veces mi ordenador _____ .

c) 이거 한 장만 복사해 주세요. _____ me una de ésta, por favor.

d) 이메일로 이력서를 보내주세요.

Envie su _____ por correo electrónico.

정답

1 요리사 – cocinero   가수 – cantante   농부 – agricultor   교사 – profesor
배우 – actor

2 a) 회장   비서   신입사원   면접관   평사원
b) 연금   sueldo   plus   자영업자   승진

3 a) grapadora   corrector   fotocopiadora   calculradora   bolígrafo
b) clic   instalar   monitor   ratón   cursor

4 a) banner   인터넷 주소   conectado   página web   correo electrónico
b) 말투   초대   대화   의견   사과

5 a) entrevista   b) se cuelga(colgarse)   c) copie–3인칭 단수 명령형   d) cur-
rículum

THEMATIC SPANISH WORDS

Theme 7

→ compras 꼼프라스 쇼핑

1 인간
2 가정
3 수
4 도시
5 교통
6 업무
7 쇼핑
8 스포츠·취미
9 자연

centro comercial 쎈뜨로 꼬메르씨알 쇼핑센터

☐ **cajero/a** 까헤로/라
  myf 계산원

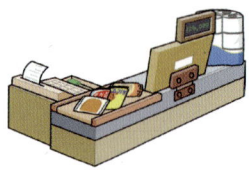

☐ **caja registradora**
  까하 레히스뜨라도라 f 계산대

☐ **billete** 비예떼 m 지폐

☐ **moneda** 모네다 f 동전

☐ **carrito** 까리또 m 쇼핑 카트

Mama, el carrito lo
empujaré yo.
마마, 엘 까리또 로 엠뿌하레 요.
엄마, 쇼핑 카트는 내가 밀고 갈게요.

☐ **dependiente/a**
  데뻰디엔떼/따 myf 점원

¿Dónde está el cepillo de dientes? Lo
tendré que preguntar al dependiente.
돈데 에스따 엘 세삐요 데 디엔떼스? 로 뗀드레 께 쁘레
군따르 알 데뻰디엔떼.
칫솔이 어디 있지? 점원에게 물어봐야겠네.

☐ **cliente/a**
  끌리엔떼/따 myf 고객

관련 단어

- □ **sección** 섹씨온 f ~코너
- □ **código de barras** 꼬디고 데 **바**라스 m 바코드
- □ **etiqueta de precio** 에띠**께**따 데 쁘**레**시오 f 정가표
- □ **cheque** 체께 m 수표
- □ **efectivo** 에펙**띠**보 m 현금
- □ **cambio** 깜비오 m 잔돈
- □ **salir a mirar escaparates**
  살**리**르 아 미**라**르 에스까빠**라**떼스 윈도쇼핑하러 가다
- □ **marca** 마르까 f 브랜드, 상표
- □ **regalo** 레갈로 m 선물
- □ **envolver** 엔볼베르 포장하다
- □ **vale** 발레 m 쿠폰, 할인권
- □ **reembolso** 레엠볼소 m 환불

□ **ropa de caballero**
로빠 데 까바예로 [f] 남성복

□ **ropa de mujer**
로빠 데 무헤르 [f] 여성복

□ **cosmético** 꼬스메띠꼬 [m] 화장품

Me parece que este cosmético tiene mucha grasa.
메 빠레세 께 에스떼 꼬스메띠꼬 띠에네 무차 그라사.
이 화장품은 유분이 많은 것 같네요.

□ **accesorios**
악쎄소리오스 [m] 잡화

□ **juguete** 후게떼 [mpl] 완구, 장난감

¿Qué juguete le gustará a un niño de 5 años?
께 후게떼 레 구스따라 아 운 니뇨 데 씬꼬 아뇨스?
다섯 살짜리 사내아이에게 어떤 장난감이 좋을까요?

□ **menaje** 메나헤 [m] 주방용품

¿Por qué habrá tantos tipos de menajes?

뽀르 께 아브라 딴또스 띠뽀스 데 메나헤스?
주방용품 종류가 어쩌면 이렇게도 많으냐?

□ **electrodoméstico**
엘렉뜨로도메스띠꼬 [m] 전자제품

□ **joya** 호야 [f] 보석

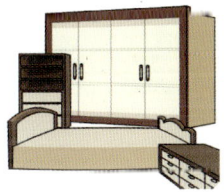

□ **mueble** 무에블레 [m] 가구

Ya que hemos venido miramos los muebles.

야 께 에모스 베니도 미라모스 로스 무에블레스.
우리 이왕 왔으니 가구도 구경하고 가자.

□ **sección de alimentación**
섹씨온 데 알리멘따씨온 [f] 식품 매장

Vamos a la sección de alimentación y compramos algo para comer.

바모스 아 라 섹씨온 데 알리멘따씨온 이 꼼쁘라모스 알고 빠라 꼬메르.
식품 코너에 가서 반찬거리 좀 사야겠어.

□ **papelería**
빠뻴레리아 [f] 문방구

1 인간
2 가정
3 수
4 도시
5 교통
6 업무
7 쇼핑
8 스포츠·취미
9 자연

alimentos 알리멘또스 식품

□ pan 빤 <u>m</u> 빵

□ arroz
아로스 <u>m</u> 쌀

□ lata 라따
<u>f</u> 통조림(=conservas)

□ huevo
우에보 <u>m</u> 계란

□ leche 레체 <u>f</u> 우유

□ fruta 프루따 <u>f</u> 과일

□ verdura
베르두라 <u>f</u> 채소

□ helado
엘라도 <u>m</u> 아이스크림

□ zumo 쑤모 <u>m</u> 주스

Me gustaría beber un
refrescante zumo de limón.
메 구스따리아 베베르 운 레프레스깐떼
쑤모 데 리몬.
시원한 레몬 주스 마시고 싶다.

□ refresco
레프레스꼬 <u>m</u> 탄산음료

 □ sal 살 f 소금

 □ azúcar 아쑤까르 m 설탕

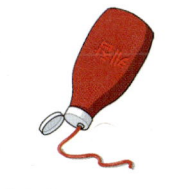 □ kétchup 케춥 m 토마토케첩

관련 단어

- □ congelado 꽁헬라도 m 냉동식품
- □ aceite 아쎄이떼 m 식용유
- □ harina 아리나 f 밀가루
- □ especias 에스뻬씨아스 pl 조미류
- □ mostaza 모스따싸 f 겨자
- □ salsa de soja 살사 데 소하 f 간장
- □ vinagre 비나그레 m 식초
- □ galleta 가예따 m 과자
- □ bebida 베비다 f 음료수
- □ bebida energética 베비다 에네르헤띠까 f 스포츠 드링크

Diálogo

A: ¡Se me he olvidado comprar la leche!
세 메 에 올비다도 꼼쁘라르 라 레체!
우유 사는 걸 깜빡했네!

B: No pasa nada. Yo la cogeré. ¿Dónde estaba?
노 빠사 나다. 요 라 꼬헤레. 돈데 에스따바?
걱정 마. 내가 가져올게. 어디에 있더라?

A: En la sección de lácteos, justo allá
엔 라 섹씨온 데 락떼오스, 후스또 아야!
저쪽 유제품 코너에 있어.

1 인간
2 가정
3 수
4 도시
5 교통
6 업무
7 쇼핑
8 스포츠·취미
9 자연

ropa de caballero

로빠 데 까바예로 **남성복**

□ **americana**

아메리**까**나 `f` 상의, 윗도리

Si tienes calor, puedes quitarte la americana.

시 띠에네스 깔로르, 뿌에데스 끼따르떼 라 아 메리까나.

더우면 상의는 벗어도 돼.

□ **cazadora**

까싸**도**라 `f` 점퍼, 재킷

□ **camiseta** 까미세따 `f` 티셔츠

El color de esta camiseta es bonito.

엘 꼴로르 데 에스따 까미세따 에스 보니또.

이 티셔츠 색깔이 참 멋있다.

□ **suéter**

수에떼르 `m` 스웨터

□ **pantalón corto**

빤딸**론 꼬**르또 `m` 반바지

□ **pantalón**

빤딸**론** `m` 바지

□ **tejano**

떼**하**노 `m` 청바지

□ **polo** 뽈로 m 폴로셔츠

Te queda bien este polo.

떼 께다 비엔 에스떼 뽈로.
너에게는 이 폴로셔츠가 어울린다.

□ **camisa** 까미사 f 와이셔츠

Me gusta la camisa azul.

메 구스따 라 까미사 아쑬.
파란색 와이셔츠를 좋아한다.

□ **traje** 뜨라헤 m 정장

Me pongo un traje para
trabajar.

메 뽄호 운 뜨라헤 빠라 뜨라바하르.
나는 정장을 입고 출근한다.

□ **esmoquin**
에스모낀 m 턱시도

□ **calzoncillo**
깔쏜씨요 m 팬티

□ **chándal** 찬달 m 운동복

En casa el chándal es
más cómodo.

엔 까사 엘 찬달 에스 마스 꼬모도.
집에서는 운동복이 가장 편하다.

1 인간

2 가정

3 수

4 도시

5 교통

6 업무

7 쇼핑

8 스포츠·취미

9 자연

관련 단어

- ropa interior 로빠 인떼리오르 [f] 속옷
- ropa informal 로빠 인포르말 [f] 평상복
- chaleco 찰레꼬 [m] 조끼
- chubasquero 추바스께로 [m] 비옷
- peto 뻬또 [m] 멜빵 작업복
- ropa de esquí 로빠 데 에스끼 [f] 스키복
- bañador 바냐도르 [m] 수영복

- ajustado 아후스따도 꼭 끼는, 빡빡한
- holgado 올가도 헐거운, 헐렁한
- bien vestido 비엔 베스띠도 잘 차려입은

- cuello redondo 꾸에요 레돈도 라운드 넥
- cuello pico 꾸에요 삐꼬 브이넥
- cuello 꾸에요 [m] 옷깃
- botón 보똔 [m] 단추
- manga 망가 [f] 소매
- bolsillo 볼시요 [m] 주머니
- forro 포로 [m] 안감
- cremallera 끄레마예라 [f] 지퍼

□ **percha** 뻬르차 🄵 옷걸이

□ **bajar la cremallera** 바하르 라 끄레마에라 지퍼를 열다

□ **ponerse corbata** 뽀네르세 꼬르바따 넥타이를 매다

□ **probarse** 쁘로바르세 입어보다

□ **quitarse** 끼따르세 벗다

1 인간

2 가정

3 수

4 도시

5 교통

6 업무

7 쇼핑

8 스포츠·취미

9 자연

Diálogo

A: ¿En qué podría ayudarle?
엔 께 뽀드리아 아이유다르레?
무엇을 도와드릴까요?

B: Estoy buscando un suéter.
에스또이 부스깐도 운 수에떼르.
스웨터를 찾고 있는데요.

A: ¿Qué le parece éste? Es muy nuevo.
께 레 빠레세 에스떼? 에스 무이 누에보.
이건 어떠세요? 신상품이에요.

B: ¿Lo tiene en negro?
로 띠에네 엔 네그로?
이걸로 검은색 있나요?

A: Lo siento. Está agotado.
로 시엔또. 에스따 아고따도.
죄송합니다. 다 팔렸네요.

ropa de mujer 로빠 데 무헤르 **여성복**

□ **blusa** 블루사 f 블라우스

El lazo de esta blusa es increíble.
엘 라쏘 데 에스따 블루사 에스 인끄레이블레.
레이스 장식의 이 블라우스 정말 우아하다.

□ **falda** 팔다 f 치마, 스커트

Me parece que tu falda es muy corta.
메 빠레세 께 뚜 팔다 에스 무이 꼬르따.
너 스커트 길이가 너무 짧은 거 같다.

□ **vestido de noche**
베스띠도 데 노체 m 야회복

Este vestido de noche es tan hermoso.
에스떼 베스띠도 데 노체 에스 딴 에르모소.
이 야회복은 너무 화려하다.

□ **vestido** 베스띠도 m 원피스

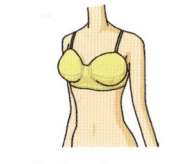

□ sujetador 수헤따**도**르 Ⓜ 브래지어

□ panti **빤**띠 Ⓜ 팬티스타킹

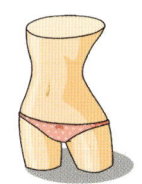

□ braga 브**라**가 ⨍ 삼각팬티

관련 단어

□ slip 스립 Ⓜ 슬립, 속치마
□ camisón 까미손 Ⓜ 잠옷
□ salto de cama 살또 데 **까**마 Ⓜ 네글리제, 실내복
□ medias **메**디아스 ⨍pl 스타킹
□ hombrera 옴브**레**라 ⨍ 어깨 패드

□ sin mangas 신 **망**가스 민소매
□ cinturón 신뚜**론** Ⓜ 벨트
□ tirantes 띠란**떼**스 Ⓜpl (바지의) 멜빵

1 인간
2 가정
3 수
4 도시
5 교통
6 업무
7 소핑
8 스포츠 · 취미
9 자연

zapatos·más 싸빠또스 마스 신발·기타

□ **tacón** 따꼰 ⓜ 하이힐

□ **bambas**
밤바스 ⓕⓟⓛ 운동화

□ **zapatos** 싸빠또스 ⓜⓟⓛ 구두

Hoy me he puesto los zapatos
nuevos, pero llueve mucho.
오이 메 에 뿌에스또 로스 싸빠또스 누에보스,
뻬로 유에베 무쵸.
오늘 새 구두를 신었는데, 비가 엄청 오네.

□ **calcetín**
깔쎄띤 ⓜ 양말

□ **botas** 보따스 ⓕⓟⓛ 부츠

🔵 관련 단어

□ **sandalias** 산달리아스 ⓕⓟⓛ 샌들

□ **chanclas** 찬끌라스 ⓕⓟⓛ 슬리퍼

□ **collar** 꼬야르 ⓜ 목걸이

□ **pulsera** 뿔세라 ⓕ 팔찌

□ **pendiente** 뻰디엔떼 ⓜ 귀걸이

□ **broche** 브로체 ⓜ 브로치

□ **sombrero**
솜브레로 m 모자

□ **gorra** 고라 f 야구 모자

□ **corbata** 꼬르바따 f 넥타이

□ **guantes**
구안떼스 mpl 장갑

□ **manoplas**
마노쁠라스 fpl 벙어리장갑

□ **bufanda**
부판다 f 스카프

□ **pañuelo** 빠뉴엘로 m 손수건

x

🔵 **관련 단어**

□ **pajarita** 빠하리따 f 나비넥타이

□ **horquilla** 오르끼야 f 머리핀

□ **adorno de cabeza** 아도르노 데 까베싸 m 머리 장식

□ **orejeras** 오레헤라스 fpl 귀마개

1 인간
2 가정
3 수
4 도시
5 교통
6 업무
7 쇼핑
8 스포츠·취미
9 자연

189

cosméticos 꼬스메띠꼬스 **화장품**

□ **tónico** 또니꼬 ⓜ 스킨

□ **loción** 로시온 ⓕ 로션

□ **crema nutritiva**
ㄲ레마 누뜨리띠바 ⓕ 영양 크림

□ **polvo** 뽈보 ⓜ 분 (가루)

□ **esponja**
에스뽕하 ⓕ 퍼프

□ **base de maquillaje**
바세 데 마끼**야**헤 ⓜ 파운데이션

El color de esta base de maquillaje, no le
favorece a mi cara.
엘 꼴로르 데 에스따 바세 데 마끼아해 노 레 파보레쎄 아 미 까라.
이 파운데이션 색조는 내 얼굴에 맞지 않는다.

□ **rímel**
리멜 Ⓜ 마스카라

□ **barra de labios**
바라 데 라비오스 Ⓕ 립스틱

□ **perfume** 뻬르푸메 Ⓜ 향수

¿Cómo es el olor de este
perfume?
꼬모 에스 엘 올로르 데 에스떼 뻬르쑤메?
이 향수 냄새 어때요?

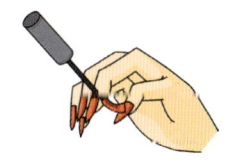

□ **esmalte de uñas**
에스말떼 데 우냐스 Ⓜ 매니큐어

□ **maquillaje** 마끼야헤 Ⓜ 화장

□ **hacer maquillaje**
아쎄르 마끼야헤 화장하다

Estos días hay muchas mujeres
que se maquillan en el metro.
에스또스 디아스 아이 무챠스 무헤레스 께 세 마끼
얀 엔 엘 메뜨로.
요즘 전철에서 화장하는 여자들이 많더라.

□ **peinarse**
뻬이나르세 머리를 빗다

1 인간
2 가정
3 수
4 도시
5 교통
6 업무
7 쇼핑
8 스포츠·취미
9 자연

191

관련 단어

- □ colorete 꼴로레떼 ⓜ 볼터치

- □ sombra de ojos 솜브라 데 오호스 ⓕ 아이섀도

- □ brillo de labios 브리요 데 **라**비오스 ⓜ 립글로스

- □ pintarse los labios **삔따**르세 로스 **라**비오스 입술을 칠하다

- □ mousse 모우세 ⓜ 무스

- □ tratamiento facial 뜨라따미**엔**또 파시**알** ⓜ 피부 미용 관리, 스킨케어

- □ pintarse las cejas **삔따**르세 라스 **세**하스 눈썹을 그리다

- □ secarse los pelos 세**까**르세 로스 **뻴**로스 드라이어로 머리를 말리다

- □ ponerse colorete en la mejilla
  뽀**네**르세 꼴로**레**떼 엔 라 메**히**야 볼 터치를 바르다

electrodomésticos
엘렉뜨로도메스띠꼬스 **가전제품**

□ **televisión**
뗄레비시온 [f] 텔레비전

□ **videocámara**
비데오까마라 [f] 캠코더

Este es una novedosa
videocámara sumergible.
에스떼 에스 우나 노베도사 비데오까마라
수메르히블레.
이건 새로 나온 수중 촬영용 캠코더야.

□ **lavadora** 라바도라 [f] 세탁기

¿Aun no sabes cómo funciona la
lavadora?
아운 노 사베스 꼬모 푼시오나 라 라바도라?
너, 아직 세탁기 사용법도 모르니?

□ **nevera**
네베라 [f] 냉장고

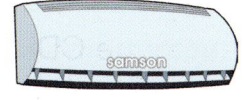

□ **aire-acondicionado**
아이레아꼰디씨오나도 [m] 에어컨

¿Qué aire acondicionado me
recomiendas?
께 아이레 아꼰디시오나도 메 레꼬미엔다스?
에어컨은 어떤 것으로 사면 좋을까요?

□ **estéreo**
에스떼레오 [m] 오디오 시스템

1 인간

2 가정

3 수

4 도시

5 교통

6 업무

7 쇼핑

8 스포츠·취미

9 자연

193

cocedor de arroz

꼬쎄**도**르 데 아로쓰 [m] 전기밥솥

Las funciones de los cocedores de arroz de hoy en día, son muy variadas.

라스 푼시오네스 데 로스 꼬쎄도레스 데 아로쓰 데 오이 엔 디아, 손 무이 바리아다스.

요즘 전기밥솥은 기능이 무척 다양하다.

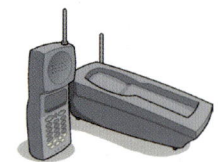

teléfono inalambrico

뗄레포노 이날람브**리**꼬

[m] 무선전화기

plancha

빨**란**차 [f] 전기다리미

batidora

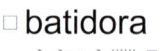

바띠**도**라 [f] 믹서

teléfono 뗄레포노 [m] 전화기

Vosotros utilizáis este teléfono durante mucho tiempo.

보소뜨로스 우띨리싸이스 에스떼 뗄레포노 두란 떼 무쵸 띠엠뽀.

네 전화기 무척 오래 쓰는구나.

reproductor de CD

레쁘로둑**또**르 데 쎄데 [m] 시디플레이어

Estos días no hay mucha gente que utilice el reproductor de CD.

에스또스 디아스 노 아이 무챠 헨떼 께 우띨리쎄 엘 레쁘로둑또르 데 세데.

요즘 시디플레이어 쓰는 사람 별로 없더라.

1 인간
2 가정
3 수
4 도시
5 교통
6 업무
7 쇼핑
8 스포츠·취미
9 자연

관련 단어

- **ventilador** 벤띨라도르 ⓜ 선풍기
- **humificador** 우미피까도르 ⓜ 가습기
- **lavavajillas** 라바바히야스 〔fpl〕 식기 세척기
- **encimera** 엔씨메라 〔f〕 가스레인지
- **reproductor de casetes**
  레쁘로둑또르 데 까세떼스 ⓜ 카세트 플레이어

- **encender** 엔쎈데르 켜다
- **apagar** 아빠가르 끄다

Diálogo

A: Me gustaría que bajaras un poquito la potencia de ventilador.
메 구스따리아 께 바하라스 운 뽀끼또 라 뽀뗀시아 데 벤띨라도르.
선풍기 바람 조금만 약하게 했으면 좋겠어.

B: Hace tanto calor así que tengo ganas de entrar en la nevera.
아세 딴또 깔로르 아시 께 뗑고 가나스 데 엔뜨라르 엔 라 네베라.
난 너무 더워서 냉장고 속에라도 들어가고 싶은데.

A: Perdona, pero el aire acondicionado está estropeado.
뻬르도나, 뻬로 엘 아이레 아꼰디씨오나도 에스따 에스뜨로뻬아도.
미안해, 에어컨이 고장나서….

A: ¿Aún utilizas el reproductor de CD?
아운 우띨리싸스 엘 레쁘로둑또르 데 쎄데?
넌 아직 시디 플레이어 쓰는 거야?

B: Sí, me siento más cómodo con esto que el MP3.
시, 메 시엔또 마스 꼬모도 꼰 에스또 께 엘 에메뻬뜨레스.
응, 난 MP3보다 이게 편해.

A: El mote de viejo te va como 'anillo al dedo!
엘 모떼 데 비에호 떼 바 꼬모 아니요 알 데도.
'할아버지'라는 별명이 정말 잘 어울린다!

195

joyería 호에리아 **귀금속**

□ **rubí** 루비 [m] 루비

En una época el rubí artificial era más caro que el natural.
엔 우나 에뽀까 엘 루비 아르띠피씨알 에라 마스 까로 께 엘 나뚜랄.
한때 인조 루비가 더 비싼 적이 있었다.

□ **zafiro** 싸피로 [m] 사파이어

□ **perla** 뻬를라 [f] 진주

La ostra cultiva las perlas.
라 오스뜨라 꿀띠바 라스 뻬를라스.
진주는 조개가 만들어내는 보석이다.

□ **esmeralda**
에스메랄다 [f] 에메랄드

□ **jade** 하데 [m] 옥

□ **cristal** 끄리스딸 [m] 수정

□ **diamante** 디아만떼 [m] 다이아몬드

관련 단어

□ **oro** 오로 m 금

□ **plata** 쁠라따 f 은

□ **joya** 호야 f 보석

□ **ámbar** 암바르 m 호박

□ **coral** 꼬랄 m 산호

□ **topacio** 또빠시오 m 토파즈, 황옥

□ **piedra del mes** 삐에드라 델 메스 f 탄생석

□ **plateado de oro** 쁠라떼아도 데 오로 금도금

□ **de oro** 데 오로 금으로 만든

□ **real** 레알 진짜의

□ **falso** 팔소 가짜의

□ **imitación** 이미따시온 f 모조품

pan y confitería 빤 이 꼰피떼리아 **빵·제과**

□ **chocolate** 초꼴라떼 m 초콜릿

Se dice que el chocolate negro previene las enfermedades del corazón.
세 디세 께 엘 초꼴라떼 네그로 쁘레비에네 라스 엔페르메다데스 델 꼬라쏜.
다크 초콜릿이 심장병을 예방한다고 한다.

□ **dulces** 둘쎄스 mpi 사탕류

A los niños les gustan mucho los dulces.
아 로스 니뇨스 레스 구스딴 무초 로스 둘쎄스 .
아이들은 달콤한 사탕을 너무 좋아한다.

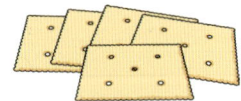

□ **galleta** 가예따 f 비스킷

Me gustan las galletas crujientes.
메 구스딴 라스 가예따스 끄루히엔떼스.
나는 바삭한 비스킷이 좋다.

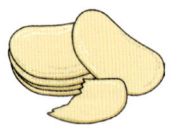

□ **patatas fritas**
빠**따**따스 프리따스
fpi 포테이토칩

□ **caramelo**
까라**멜**로 m 캐러멜

□ **magdalena**
막달**레**나 f 머핀

198

□ **bizcocho**
비스꼬쵸 m 카스텔라

□ **pastel de cumpleaños**
빠스뗼 데 꿈쁠레아뇨스
m 생일 케이크

관련 단어

□ **chicle** 치끌레 m 껌

□ **caramelo de menta** 까라멜로 데 멘따 m 박하사탕

□ **barra de pan** 바라 데 빤 f 바게뜨(=baguette)

□ **pan de molde** 빤 데 몰데 m 식빵

□ **corteza** 꼬르떼싸 f 빵 껍질

□ **loncha** 론차 f 조각

□ **decoración** 데꼬라시온 f 장식

Diálogo

A: ¿Por qué ponemos velas en la parte superior de un pastel de cumpleaños?
뽀르 께 뽀네모스 벨라스 엔 라 빠르떼 수뻬리오르 데 운 빠스뗼 데 꿈쁠레아뇨스?
생일케이크 위에 초를 꽂는 이유는?

B: ¡Porque es muy difícil ponerlas debajo!
뽀르께 에스 무이 디피쎌 뽀네르라스 데바호!
케이크 바닥에 꽂을 수는 없으니까.

199

1 다음 그림과 단어를 연결해 보세요.

cajera   moneda   billete   dependienta   cliente

2 다음 보기에서 단어를 골라 빈칸에 써넣어 보세요.

> a) cosmético   papelería   joya   menaje
> electrodoméstico
> b) pan   fruta   sal   bebida   harina

a) 문방구 _____   주방용품 _____   전자제품 _____

보석 _____   화장품 _____

b) 밀가루 _____   소금 _____   음료수 _____

빵 _____   과일 _____

3 다음 단어를 스페인어 혹은 우리말로 고쳐 보세요.

a) 스웨터 _____   바지 _____   반바지 _____

조끼 _____   단추 _____

b) 치마 _____   스카프 _____   블라우스 _____

목걸이 _____   귀걸이 _____

c) bambas _____   collar _____

   manoplas _____   corbata _____

   calcetín _____

d) perfume _____   maquillaje _____

   base de maquillaje _____ barra de labios _____

   colorete _____

4 다음 빈칸에 알맞은 스페인어를 써넣어 보세요.

a) 리모컨은 어디 있니?

   ¿Dónde está el _____?

b) 가습기를 켜지 그래요?

   ¿Por qué no _____ el humificador?

c) 나는 식기세척기를 갖고 싶다.

   Quiero un _____.

d) 대부분의 여자들은 보석을 좋아한다.

   La mayoría de mujeres les gusta _____.

e) 이게 진짜 다이아몬드 반지인가요?

   ¿Es esto anillo de _____?

f) 나는 그녀의 수정 같은 눈을 사랑한다.

   Me gustan los ojos como _____.

g) 아내는 내 생일케이크를 만들었다.

Mi esposa me hizo un _____ para mí.

h) 어린이는 캐러멜을 좋아한다.

A los niños les gusta _____.

Theme 8

→ **deportes · pasatiempos**
데뽀르떼스 · 빠사띠엠뽀스 **스포츠 · 취미**

1 인간
2 가정
3 수
4 도시
5 교통
6 업무
7 소핑
8 스포츠·취미
9 지역

deportes 데뽀르떼스 **스포츠**

개인 스포츠

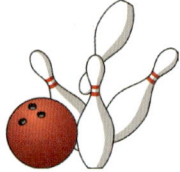

☐ bolos 볼로스 `mpl` 볼링

☐ golf 골프 `m` 골프

☐ tenis 떼니스 `m` 테니스

☐ boxeo 복세오 `m` 권투

En la época romana el boxeo era peligroso.
엔 라 에뽀까 로마나 엘 복세오 에라 뻴리그로소.
로마 시대의 권투는 무시무시했다.

☐ surf 수르프 `m` 서핑

El surf se ha convertido en un deporte de masas.
엘 수르프 세 아 꼰베르띠도 엔 운 데뽀르떼 데 마사스.
서핑은 이미 대중적인 스포츠가 되었다.

☐ billar 비야르 `m` 당구

□ patines en línea
빠티네스 엔 리네아 **인라인스케이팅**

Él se divierte patinando con patines en línea.
엘 세 디비에르떼 빠띠난도 꼰 빠띠네스 엔 리네아.
그는 인라인스케이팅을 즐긴다.

□ pesca 뻬스까 f 낚시

관련 단어

□ ciclismo 씨끌리스모 m 사이클

□ footing 푸팅 m 조깅

□ paseo 빠세오 m 걷기(산책)

□ cabalgar 깔발가르 f 승마

□ esquí 에스끼 m 스키

□ patinar 빠띠나르 f 스케이트보드 타기

□ paracaidismo 빠라까이디스모 m 스카이다이빙

□ submarinismo 수브마리니스모 m 스쿠버다이빙

□ snowboard 스노우보드 m 스노보딩

□ halterofilia 알떼로필리아 m 헬스

1 인간
2 가정
3 수
4 도시
5 교애
6 업무
7 소핑
8 스포츠·취미
9 지연

단체 스포츠

□ **béisbol** 베이스볼 m 야구

El beisbol es un deporte muy
americano.
엘 베이스볼 에스 운 데뽀르떼 무이 아메리까
노,
야구는 가장 미국적인 스포츠이다.

□ **futbol** 풋볼 m 축구

El futbol es un deporte muy
físico.
엘 풋볼 에스 운 데뽀르떼 무이 피시꼬,
축구는 상당히 격렬한 운동이다.

□ **baloncesto**
발론쎄스또 m 농구

□ **voleibol** 볼레이볼 m 배구

□ **rafting** 라프띵 m 래프팅

1 인간

2 가정

3 수

4 도시

5 교통

6 업무

7 쇼핑

8 스포츠·취미

9 자연

관련 단어

- □ **hockey** 오께이 ⓜ 하키
- □ **tenis de mesa** 떼니스 데 메사 ⓜ 탁구(=ping pong)

- □ **equipamiento deportivo** 에키빠미엔토 데뽀르띠보 운동 기구
- □ **balón de futbol** 발론 데 풋볼 ⓜ 축구공
- □ **pelota de béisbol** 뻴로따 데 베이스볼 ⓕ 야구공
- □ **pelota de tenis** 뻴로따 데 떼니스 ⓕ 테니스공
- □ **raqueta** 라께따 ⓕ 라켓
- □ **bate** 바떼 ⓜ 야구 배트
- □ **casco** 까스꼬 ⓜ 헬멧
- □ **careta** 까레따 ⓕ 마스크
- □ **guante** 구안떼 ⓜ 글러브
- □ **hombrera** 옴브레라 ⓕ 어깨 보호대
- □ **mono patín** 모노 빠띤 ⓜ 스케이트
- □ **caña de pescar** 까냐 데 뻬스까르 ⓕ 낚싯대
- □ **cebo** 세보 ⓜ 미끼

piscina 삐스씨나 **수영장**

- **natación** 나따시온 f 수영
- **nadar** 나다르 f 수영하다

Es peligroso nadar en aguas de corriente.
에스 뻴리그로소 나다르 엔 아구아스 데 꼬리엔떼.
흐르는 물에서 수영하는 것은 위험하다.

- **estiramiento** 에스띠라미엔또 m 스트레칭

- **zambullida, salto** 쌈부이다, 살또 다이빙(하다)
- **trampolín** 뜨람뽈린 m 다이빙대

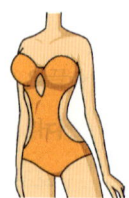

- **flotador** 플로따도르 m 튜브

- **bañador** 바냐도르 m 수영복

¡Vaya! No me he traído el bañador.
바아야! 노 메 에 뜨라이도 엘 바냐도르.
이런, 수영복을 안 가져왔네!

- **gafas de agua** 가파스 데 아구아 fpl 물안경

1 인간

2 가정

3 수

4 도시

5 교통

6 업무

7 쇼핑

8 스포츠·취미

9 자연

관련 단어

- freestyle 프리스티레 자유형
- pecho 뻬초 평영
- mariposa 마리뽀사 접영
- revés 레베스 배영

- socorrista 소꼬리스따 f 안전요원
- chaleco salvavidas 찰레꼬 살바비다스 m 구명조끼
- rampa 람빠 f 쥐, 경련

- tobogán de agua 또보간 데 아구아 m 미끄럼틀
- gorro 고로 m 수영 모자
- cronómetro 끄로노메뜨로 m 스톱워치
- traje de neopreno 뜨라헤 데 네오쁘레노 m 잠수복
- aleta 알레따 f 물갈퀴, 오리발
- bombona de oxigena 봄보나 데 옥시헤나 f 산소통
- regulador 레굴라도르 m 수중 호흡기

health club 헬쓰 끌룹 **헬스클럽**

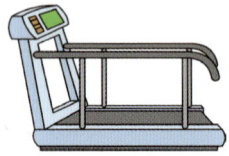

□ **cinta de correr**
씬따 데 꼬레르 f 러닝머신

□ **maquina de gimnasio**
마끼나 데 힘**나**시오 f 사이클론

□ **pesas** 뻬사스 fpl 역기
Cada mañana hago pesas.
까다 마냐나 아고 뻬사스.
아침마다 역기로 운동을 한다.

□ **mancuerna**
만꾸**에**르나 f 아령

□ **entrenador**
엔뜨레나**도**르 m 코치

El éxito del jugador depende del entrenador.
엘 엑시또 델 후가도르 데뻰데 델 엔뜨레나도르.
선수의 자질은 코치에게 달려 있다.

□ **barra** 바라 f 턱걸이
Mi hermano no puede hacer ninguna barra.
미 에르마노 노 뿌에데 아세르 닌구나 바라.
내 동생은 턱걸이를 한 번도 못한다.

210

□ flexiones
플렉시**오**네스 [fpl] 팔굽혀펴기

□ abdominales
압도미**날**레스 [mpl] 윗몸일으키기

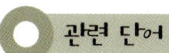
관련 단어

□ levantamiento de pesas
레반따미**엔**또 데 **뻬**사스 [m] 역기 들어올리기

□ camiseta 까미**세**따 [f] 스포츠 셔츠

□ aeróbic 아에로빅 [m] 에어로빅

□ saltar a la comba 살**따**르 아 라 **꼼**바 줄넘기하다

□ entrenar 엔뜨레**나**르 단련하다

□ hacer ejercicios de calentamiento
아**세**르 에헤르**시**시오스 데 깔렌따미**엔**또 준비 운동하다

1 인간
2 가정
3 수
4 도시
5 교통
6 업무
7 쇼핑
8 스포츠·취미
9 자연

pasatiempos 빠사띠엠뽀스 취미

□ **lectura** 렉뚜라 f 독서

El niño le gusta mucho la lectura.
엘 니뇨 레 구스따 무쵸 라 렉뚜라.
어린아이가 독서를 참 좋아하는구나.

□ **astronomía**
아스뜨로노미아 f 천체 관측

□ **hacer maquetas**
아세르 마께따스 모형 제작

□ **papiroflexia**
빠삐로플렉시아 f 종이접기

□ **bordado**
보르다도 m 자수

□ **alfarería** 알파레리아 f 도예

Esta tasa lo hice cuando
aprendí alfarería.
에스따 따사 로 이쎄 꾸안도 아쁘렌디 알파레리아.
이 컵은 내가 도예를 배워서 만든 거야.

□ **punto de cruz**
뿐또 데 끄루쓰 m 뜨개질

1 인간

2 가정

3 수

4 도시

5 교통

6 업무

7 쇼핑

8 스포츠·취미

9 자연

관련 단어

- □ **fotografía** 포또그라피아 [f] 사진 촬영
- □ **artesanía** 아르떼사니아 [f] 공예
- □ **comida** 꼬미다 [f] 요리
- □ **filatelia** 필라뗄리아 [f] 우표 수집
- □ **puzle** 뿌슬레 [m] 조각 퍼즐 맞추기
- □ **pintura** 삔뚜라 [f] 그림 그리기
- □ **caligrafía** 깔리그라피아 [f] 서예
- □ **baduk** 바둑 [m] 바둑
- □ **ajedrez** 아헤드레스 [m] 체스

 **Diálogo**

A: ¿Qué es su pasatiempo?
께 에스 수 빠사띠엠뽀?
취미가 뭐예요?

B: Me gusta pintar.
메 구스따 삔따르.
그림 그리는 걸 좋아해요.

juego de cartas 후에고 데 까르따스 카드 게임

□ **rey** 레이 m 킹(K)

□ **as** 아스 m 에이스(A)

Creo que él tiene un as.
끄레오 께 엘 띠에네 운 아스.
그는 에이스를 가지고 있는 것 같다.

□ **reina**
레이나 f 퀸(Q)

□ **comodín** 꼬모딘 m 조커(JOKER)

Tendré que sacar el comodín.
땐드레 께 사까르 엘 꼬모딘.
아무래도 조커를 내야겠네.

□ **sota** 소따 f 잭(J)

□ **diamantes**
디아만떼스 mpl 다이아몬드(◆)

□ **picas**
삐까스 mpl 스페이드(♠)

□ **corazones**

꼬라쏘네스 mpl 하트(♥)

□ **tréboles**

뜨레볼레스 mpl 클로버(♣)

관련 단어

□ **carta** 까르따 f 트럼프

□ **una baraja** 우나 바라하 f 카드 한 벌

□ **palo** 빨로 m 같은 짝의 패

□ **barajar** 바라하르 (카드를) 섞다

□ **repartir** 레빠르띠르 카드를 배분하다

□ **turno** 뚜르노 m 차례

□ **ganar** 가나르 이기다

□ **perder** 뻬르데르 지다

□ **apuesta** 아뿌에스따 f 내기

1 인간

2 가정

3 수

4 도시

5 교통

6 업무

7 쇼핑

8 스포츠·취미

9 지역

viaje 비아헤 여행

□ **turismo**
뚜리스모 m 관광

□ **turista** 뚜리스따 mf 관광객

Los turistas buscan este monumento histórico normalmente.
로스 뚜리스따스 부스깐 에스떼 모누멘또 이스또리꼬 노르말멘떼.
관광객들은 주로 이 유적지를 찾는다.

□ **turismo nocturno**
뚜리스모 녹뚜르노 m 야간 관광

□ **observatorio**
옵세르바또리오 m 전망대

□ **recuerdo**
레꾸에르도 m 기념품(=souvenir)

Este recuerdo lo compré para ti.
에스떼 레꾸에르도 로 꼼쁘레 빠라 띠.
이 기념품은 너 주려고 사온 거야.

□ **obras de arte**
오브라스 데 아르떼 f 예술품

1 인간

2 가정

3 수

4 도시

5 교통

6 업무

7 쇼핑

8 스포츠·취미

9 자연

관련 단어

□ **excursión de un día** 엑스꾸르시온 데 운 **디**아 [f] 당일 여행

□ **viaje al extranjero** 비**아**헤 알 엑스뜨랑**헤**로 [m] 해외 여행

□ **grupo de viajes** 그루뽀 데 비아헤스 [m] 단체 여행

□ **mochilero** 모칠레로 [m] 배낭 여행

□ **crucero** 끄루**쎄**로 [m] 선박 여행

□ **mareo** 마**레**오 [m] 뱃멀미

□ **agencia de viajes** 아**헨**시아 데 비아헤스 여행사

□ **reservación** 레세르바시**온** [f] 예약

□ **vacación** 바까시**온** [f] 휴가, 방학

□ **guía** 기아 [mf] 가이드, 관광 인내원

□ **equipaje** 에끼**빠**헤 [m] 짐, 수하물

□ **monumento** 모누**멘**또 [m] 역사 유적지

□ **no se puede perder** 노 세 뿌**에**데 뻬르데르 꼭 봐야 할 것

tomar el sol 또마르 엘 솔 **일광욕**

❶ gafas de sol
가파스 데 솔 [f.pl] 선글라스

❷ sombrilla (de playa)
솜브**리**야 [f] 비치파라솔

❸ bikini 비키니 비키니

☐ protector solar
쁘로떽**또**르 솔라르 [m] 자외선 차단 크림

☐ ola 올**라** [f] 파도

El ruido de la ola es refrescante.
엘 루이도 데 라 올라 에스 무이 레프레스깐떼.
파도 소리가 정말 시원하다.

☐ concha 꼰차 [f] 조개

¡Hay! He pisado una concha.
아이! 에 삐사도 우나 꼰차.
야야! 조개 껍질을 밟았어.

1 인간

2 가정

3 수

4 도시

5 교통

6 업무

7 쇼핑

8 스포츠·취미

9 자연

관련 단어

- □ **mar** 마르 ⓜ 바다
- □ **playa** 쁠라야 ⓕ 해안
- □ **sol** 솔 ⓜ 태양
- □ **arena** 아레나 ⓕ 모래
- □ **gaviota** 가비오따 ⓕ 갈매기

- □ **salida del sol** 살리다 델 솔 ⓕ 일출
- □ **puesta del sol** 뿌에스따 델 솔 ⓕ 일몰

- □ **balón de playa** 발론 데 쁠라야 ⓜ 비치볼
- □ **bronceador** 브론세아도르 ⓜ 선텐로션
- □ **cama solar** 까마 솔라르 ⓕ 일광욕용 침대

Diálogo

A: ¿Vamos a la playa?
바모스 아 라 쁠라야?
바닷가에 갈까?

B: No quiero, porque me quemo la piel.
노 끼에로, 뽀르께 메 께모 라 삐엘.
피부가 타서 싫어.

A: Tengo un protector solar que te protegerá bien la piel.
뗑고 운 쁘로떽또르 솔라르 께 떼 쁘로떼헤라 비엔 라 삐엘.
네 피부에 잘 맞을 것 같은 썬크림 있는데.

B: Si es tan bueno, lo tendremos que probar.
시 에스 딴 부에노, 로 뗀드레모스 께 쁘로바르.
그렇게 좋다면, 시험해 봐야지….

televisión 뗄레비시온 **텔레비전**

□ canal
까날 m 텔레비전 채널

□ presentador/a
쁘레쎈따도르/라 **사회자**

□ humorista
우모리스따 mf 개그맨

□ directo 디렉또 m **생중계**

□ narrador/a
나라도르/라 mf 해설자

Ese narrador lo hace muy soso.
에세 나라도르 로 아세 무이 소소.
저 해설자 정말 재미없게 하네.

□ publicidad 뿌블리시닫 m 광고

Me irrita, ¿por qué hay tanta
publicidad?
메 이리따, 뽀르 께 아이 딴따 뿌블리시닫?
짜증나, 광고는 왜 이렇게 많아?

1 인간

2 가정

3 수

4 도시

5 교통

6 업무

7 쇼핑

8 스포츠·취미

9 자연

관련 단어

- medios masivos de comunicación
  메디오스 마시보스 데 꼬무니까시온 mpl 매스컴

- televisión de alta-definición
  뗄레비시온 데 알따-데피니시온 f 고화질 TV

- horario de máxima audiencia
  오라리오 데 막시마 아우디엔시아 m 황금 시간대

- artista 아르띠스따 mf 연예인

- doblador/a 도블라도르/라 mf 성우

- cantante 깐딴떼 mf 가수

- telenovela 뗄레노벨라 f 연속극

- hay que verlo 아이 께 베를로 꼭 봐야 할 것

- entrevista exclusivo 엔뜨레비스따 엑스끌루시보 f 독점 인터뷰

- directo 디렉또 생방송

- pre-grabado 쁘레-그라바도 녹화 방송

- remisión 레미시온 f 재방송

película 뻴리꿀라 영화

① pantalla
빤**따**야 f 영화 스크린

② asiento
아시**엔**또 m 좌석

③ audiencia
아우디**엔**시아 f 관객

④ palomitas
빨로**미**따스 fpl 팝콘

☐ **taquilla** 따끼야 f 매표소

¿Cómo es que hay tanta cola delante de la taquilla?
꼬모 에스 께 아이 딴따 꼴라 델란떼 데 라 따끼야?
매표소 앞에 웬 줄이 저렇게 길지?

☐ **cafetería**
까페떼**리**아 f 매점

☐ **actor** 악**또**르 m 남자 배우

☐ **actriz** 악**뜨**리스 f 여자 배우

□ **director/a**
디렉**또**르/라 myf 감독

□ **tragedia** 뜨라**헤**디아 f 비극
Esta película es muy trágica.
에스따 뻴리꿀라 에스 무이 뜨라히까.
이 영화 그야말로 비극적이다.

관련 단어

□ **cine** 씨네 m 영화관
□ **papel** 빠**뻴** m 배역, 역할

□ **terror** 떼로르 m 공포물
□ **dibujos animados** 디부호스 아니마도스 mpl 만화 영화
□ **comedia** 꼬메디아 f 코미디
□ **cine de acción** 씨네 데 악씨온 m 액션 영화

Diálogo

A: Tres entradas para Spiderman 2, por favor.
뜨레스 엔뜨라다스 빠라 스삐데르만도스, 뽀르 파보르.
스파이더맨2, 세 장 주세요.

B: Aquí tienes. Son 24 Euros.
아끼 띠에네스. 손 베인띠꾸아뜨로 에우로스.
여기요. 총 24유로입니다.

A: Gracias.
그라시아스.
고마워요.

1 인간
2 가정
3 수
4 도시
5 교육
6 업무
7 쇼핑
8 스포츠 · 취미
9 자연

concierto 꼰씨에르또 **연주회**

□ **orquesta** 오르케스따 r 관현악단

□ **conductor/a**
꼰둑**또**르/라 myf 지휘자

□ **batuta** 바**뚜**따 r 지휘봉

□ **estrado**
에스뜨**라**도 m 지휘대

□ **partitura**
빠르띠**뚜**라 r 악보

□ **violín**
비올**린** m 바이올린

□ **cello**
첼로 m 첼로

□ **trombón**
뜨롬**본** m 트롬본

□ **piano**
삐아노 m 피아노

□ **trompeta**
뜨롬**뻬**따 r 트럼펫

□ **guitarra** 기**따**라 f 기타

□ **guitarrista**

기**따리**스따 mf 기타리스트

El juego de manos de ese guitarrista es increíble.
엘 후에고 데 마노스 데 에세 기따리스따 에스 인끄레이블레.
저 기타리스트 손놀림이 정말 화려하다.

□ **batería** 바떼**리**아 f 드럼

□ **baterísta** 바떼리스따 mf 드러머

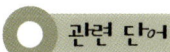

□ **sinfonía** 신포**니**아 f 교향곡

□ **músico/a** 무시꼬/까 myf 연주자

□ **conjunto** 꼰**훈**또 m 앙상블

□ **viola** 비**올**라 f 비올라

□ **banda** 반다 f 그룹사운드

Diálogo

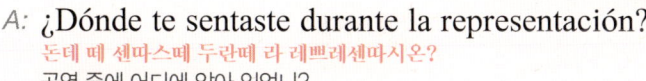

A: ¿Dónde te sentaste durante la representación?
돈데 떼 센따스떼 두란떼 라 레쁘레센따시온?
공연 중에 어디에 앉아 있었니?

B: Me senté en el primer piso. A propósito, ¿era impresionante la representación?
메 센떼 엔 엘 쁘리메르 삐소. 아 쁘로뽀시또. 에라 임쁘레시오난떼 라 레쁘레센따씨온?
2층에 있었어. 정말 대단하지 않니?

A: Sí, es verdad.
씨, 에스 베르닫.
응. 맞아.

225

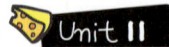
parque de atracciones
빠르께 데 아뜨락시오네스 **놀이공원**

□ zoo 쏘- m 동물원

□ globo 글로보 m 풍선

□ **payaso/a**
빠야소/사 myf 어릿광대

¡Mira!, cómo baila el payaso pequeño.
미라! 꼬모 바일라 엘 빠야소 뻬께뇨.
저 어릿광대 춤추는 거 봐.

□ **rueda de la fortuna**
루에다 데 라 포르뚜나 f 회전 관람차

□ tiovivo 띠오비보 m 회전 목마

¿Nos montamos en el tiovivo, también?
노스 몬따모스 엔 엘 띠오비보 땀비엔?
우리 회전 관람차도 타볼까?

□ **montaña rusa**
몬따냐 루사 f 롤러코스터

226

□ cafetería
까페떼**리**아 f 매점

□ nube de azúcar
누베 데 아**쑤**까르 f 솜사탕

Mama, quiero comer una nube de azúcar.
마마, 끼에로 꼬메르 우나 누베 데 아**쑤**까르.
엄마, 나 솜사탕 먹고 싶어.

관련 단어

□ información 인포르마씨온 f 안내소

□ atracción 아뜨락씨온 f 볼거리, 탈것

□ tobogán 또보간 m 미끄럼틀

□ columpio 꼴룸**삐**오 m 그네

□ entrada 엔뜨**라**다 f 입구

□ salida 살리다 f 출구

□ camino 까**미**노 m 트랙

□ jardín botánico 하르딘 보**따**니꼬 m 식물원

1 인간
2 가정
3 수
4 도시
5 교통
6 업무
7 쇼핑
8 스포츠·취미
9 지역

1 다음 단어를 스페인어 혹은 우리말로 고쳐 보세요.

a) 볼링 _____   수영 _____   낚시 _____

탁구 _____   스카이다이빙 _____

b) 축구 _____   야구 _____   농구 _____

배구 _____   하키 _____

c) bate _____   casco _____

raqueta _____   careta _____

guante _____

d) 수영 _____   튜브 _____   물안경 _____

수영복 _____   스트레칭 _____

2 다음 보기에서 단어를 골라 빈칸에 써넣어 보세요.

a) cinta de correr   abdominales   flexiones   barra
   pesas
b) alfarería   punto de cruz   lectura   comida
   bordado
c) turno   ganar   perder   apuesta   barajar

a) 턱걸이 _____   윗몸일으키기 _____

러닝머신 _____   팔굽혀펴기 _____   역기 _____

b) 뜨개질 _____   요리 _____   자수 _____

독서 _____   도예 _____

c) 내기 _____   이기다 _____   지다 _____

(카드를) 섞다 _____   차례_____

3 다음 그림과 단어를 연결해 보세요.

•   •   •   •

•   •   •   •

turismo   turismo   observatorio   turista
                 nocturno

4 다음 빈칸에 알맞은 스페인어를 써넣어 보세요.

a) 내가 가장 좋아하는 개그맨은 신동엽이다.

Mi _____ favorito es Shin Dongyeop.

b) TV 광고는 상당히 효과적이다.

TV _____ es muy efectivo.

c) 나는 액션 영화를 좋아한다.

Me gusta el cine de _____.

d) 요즘은 영화를 DVD로 본다.

Estos días miro la _____ en DVD.

정답

1 a) bolos   natación   pesca   tenis de mesa   paracaidismo
   b) futbol   béisbol   baloncesto   voleibol   hockey
   c) 배트   헬멧   라켓   마스크   글러브
   d) natación   flotador   gafas de agua   bañador   estiramiento

2 a) barra   abdominales   cinta de correr   flexiones   pesas
   b) punto de cruz   comida   bordado   lectura   alfarería
   c) apuesta   ganar   perder   barajar   turno

3 관광객 – turista   관광 – turismo   야간 관광 – turismo nocturno
   전망대 – observatorio

4 a) humorista   b) publicidad   c) acción   d) película

5 a) violín   지휘자   guitarra   piano   악보
   b) globo   zoo   nube de azúcar   어릿광대   회전 목마

Theme 9

→ Naturaleza 나뚜랄레싸 자연

1 인간
2 가정
3 수
4 도시
5 교통
6 업무
7 쇼핑
8 스포츠·취미
9 자연

animal 아니말 **동물**

□ **caballo**
까**바**요 m 말

□ **tigre** 띠그레 m 호랑이

□ **zorro** 쏘로 m 여우

□ **cebra** 쎄브라 f 얼룩말

□ **elefante**
엘레**판**떼 m 코끼리

□ **oso** 오소 m 곰
(북극곰 : oso polar)

□ **camello**
까메요 m 낙타

□ **jirafa** 히**라**파 f 기린

□ **ciervo**
씨에르보 m 사슴

□ **mono**
모노 m 원숭이

No solo me ha gustado el espectáculo de los monos.

노 솔로 메 아 구스따도 엘 에스뻭따꿀로 데 로스 모노스.
나는 원숭이 공연이 재미있지만은 않더라.

□ **lobo** 로보 m 늑대

Los lobos son animales que van en manada.

로스 로보스 손 아니말레스 께 반 엔 마나다.
늑대는 무리지어 생활한다.

□ **perro** 뻬로 m 개

□ **gato** 가또 m 고양이

□ **serpiente**
세르삐엔떼 f 뱀

□ **cerdo**
쎄르도 m 돼지

□ **conejo**
꼬네호 m 토끼

□ **cocodrilo**
꼬꼬드릴로 m 악어

1 인간

2 가정

3 수

4 도시

5 교통

6 업무

7 쇼핑

8 스포츠·취미

9 지역

관련 단어

- □ **ratón** 라똔 [m] 쥐
- □ **hámster** 암스떼르 [m] 햄스터
- □ **gorila** 고릴라 [m] 고릴라
- □ **hipopótamo** 이뽀뽀따모 [m] 하마
- □ **león** 레온 [m] 사자

- □ **garra** 가라 [f] (짐승의) 발톱
- □ **cuerno** 꾸에르노 [m] 뿔
- □ **cola** 꼴라 [f] 꼬리
- □ **casco** 까스꼬 [m] 발굽
- □ **melena** 멜레나 [f] (사자, 말 등의) 갈기

Diálogo

A: ¡Mira, el aquel oso!
미라, 엘 아껠 오소!
저 곰 좀 봐!

B: Wow! Es el más grande que he visto.
와우! 에스 엘 마스 그란데 께 에 비스또.
우와, 지금까지 본 중에 가장 큰 곰이야!

pájaros 빠하로스 **조류**

1 인간
2 가정
3 수
4 도시
5 교통
6 업무
7 쇼핑
8 스포츠·취미
9 지역

□ **cuervo**

꾸에르보 m 까마귀

Antes, el cuervo estaba considerado como un buen pájaro.

안떼스 엘 꾸에르보 에스따바 꼰시데
라도 꼬모 운 부엔 빠하로.
까마귀는 원래 길조였단다.

□ **cisne**

씨스네 m 백조

□ **paloma**

빨로마 f 비둘기

□ **gorrión** 고리온 m 참새

□ **golondrina**

골론드리나 f 제비

□ **halcón** 알꼰 m 매

□ **águila** 아길라 f 독수리

□ **gaviota**

가비오따 f 갈매기

235

□ **loro** 로로 ⓜ 앵무새

□ **gallo** 가요 ⓜ 수탉

□ **gallina** 가이나 ⒡ 암탉

□ **avestruz**
아베스뜨루스 ⓜ 타조

□ **grulla**
그루야 ⒡ 학, 두루미

□ **alondra**
알론드라 ⒡ 종달새

□ **pingüino** 삥구이노 ⓜ 펭귄
No hay pingüinos en el polo norte.
노 아이 삥구이노스 엔 엘 뽈로 노르떼.
북극에는 펭귄이 없대요.

□ **búho** 부오 ⓜ 부엉이

1 인간
2 가정
3 수
4 도시
5 교통
6 업무
7 쇼핑
8 스포츠·취미
9 지역

관련 단어

□ **urraca** 우라까 f 까치
□ **pato** 빠또 m 오리
□ **ganso** 간소 m 기러기
□ **ave migratoria** 아베 미그라또리아 f 철새
□ **periquito** 뻬리끼또 m 잉꼬
□ **pluma** 쁠루마 f 깃털

□ **pico** 삐꼬 m 부리
□ **garra** 가라 f (짐승의) 발톱
□ **cola** 꼴라 f 꼬리
□ **ala** 알라 f 날개
□ **nido** 니도 m 둥지

Diálogo

A: ¿Porqué el flamenco levanta sólo una pierna?
뽀르께 엘 플라멩꼬 레반따 솔로 우나 삐에르나?
홍학은 왜 다리를 들고 있을까요?

B: Porque si levantara las dos, se caería.
뽀르께 시 레반따라 라스 도스, 세 까에리아.
두 다리 다 들면 넘어지잖아.

insectos 인섹또스 곤충

☐ **abeja** 아베하 [f] 벌

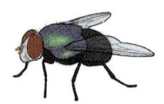

☐ **araña**
아라냐 [f] 거미

☐ **mosca** 모스까 [f] 파리

☐ **hormiga** 오르미가 [f] 개미

Las hormigas que tienen alas
son hormigas machos.
라스 오르미가스 께 띠에넨 알라스 손 오르미
가스 마쵸스.
날개가 달린 개미는 수캐미란다.

☐ **polilla (nocturna)**
뽈리야 (녹뚜르나) [f] 나방

☐ **mariposa**
마리뽀사 [f] 나비

☐ **libélula**
리벨루라 [f] 잠자리

☐ **saltamontes**
살따몬떼스 [m] 메뚜기

☐ **escrabajo ciervo**
에스끄라**바**호 씨에르보 사슴벌레

☐ **mariquita**
마리**끼**따 [f] 무당벌레

238

□ luciérnaga

루씨에르나가 ⨍ 개똥벌레

□ cucaracha

꾸까라차 ⨍ 바퀴벌레

A las cucarachas les gustan los lugares húmedos y oscuros.

아 라스 꾸까라차스 레스 구스딴 로스 루가레스 우메도스 이 오스꾸로스.
바퀴벌레는 습하고 어두운 곳을 좋아한다.

□ mosquito 모스끼또 Ⓜ 모기

Me pica mucho por la picada de un mosquito.

메 삐까 무쵸 뽀르 라 삐까다 데 운 모스끼또.
모기에 물려서 너무 가렵다.

□ grillo 그리요 Ⓜ 귀뚜라미

관련 단어

□ escarabajo 에스까라바호 Ⓜ 딱정벌레

□ lombriz 롬브리스 ⨍ 지렁이

□ escorpión 에스꼬르삐온 Ⓜ 전갈

□ mantis religiosa 만띠스 렐리히오사 ⨍ 사마귀

□ huevo 우에보 Ⓜ 알

□ larva 라르바 ⨍ 애벌레

□ crisálida 끄리살리다 ⨍ 번데기(=pupa, ninfa)

□ antena 안떼나 ⨍ 더듬이

□ cabeza 까베싸 ⨍ 머리

□ tórax 또락스 Ⓜ 가슴

□ abdomen 압도멘 Ⓜ 배

□ aguijón 아기혼 Ⓜ (곤충 등의) 침, 가시

1 인간
2 가정
3 수
4 도시
5 교통
6 업무
7 쇼핑
8 스포츠·취미
9 자연

pescado • biologia criatura
뻬스까도 • 비올로히아 끄리아뚜라 어류·해양 생물

☐ **caballa** 까바야 ⓕ 고등어

☐ **rodaballo** 로다바요 ⓜ 광어

☐ **carpa** 까르빠 ⓕ 잉어

☐ **sardina** 사르디나 ⓕ 정어리

☐ **salmón** 살몬 ⓜ 연어

☐ **atún** 아뚠 ⓜ 참치

Me gusta la sopa de kimchi que lleva atún.
메 구스따 라 소빠 데 김치 께 예바 아뚠.
난 참치를 넣은 김치찌개가 좋아.

☐ **tiburón** 띠부론 ⓜ 상어

☐ **trucha** 뜨루차 ⓕ 송어

☐ **pez de colores**
뻬스 데 꼴로레스 ⓜ 금붕어

Los pez de colores gustan mucho a los niños.
로스 뻬스 데 꼴로레스 구스딴 무쵸 아 로스 니뇨스.
금붕어는 아이들이 무척 좋아한다.

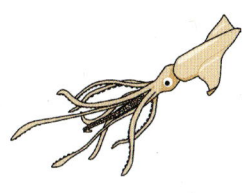

□ **calamares**
깔라마르 m 오징어

□ **pulpo** 뿔뽀 m 문어

□ **bogavante**
보가반떼 m 바닷가재

□ **cangrejo**
깡그레호 m 게

□ **ballena** 바예나 f 고래

□ **ostra** 오스뜨라 f 굴

□ **gamba** 감바 f 새우

Las gambas pueden vivir en
agua dulce.
라스 감바스 뿌에덴 비비르 엔 아구아 둘쎄.
새우는 민물에서도 산다.

□ **tortuga** 또르뚜가 f 거북

Las tortugas representan a
los animales más longevos.
라스 또르뚜가스 레쁘레센딴 아 로스 아
니말레스 마스 롱헤보스.
거북은 대표적인 장수 동물이다.

1 인간
2 가정
3 수
4 도시
5 교통
6 업무
7 쇼핑
8 스포츠·취미
9 지역

관련 단어

□ **bacalao** 바깔라오 m 대구

□ **anguila** 앙길라 f 장어

□ **almeja** 알메하 f 대합

□ **estrella del mar** 에스뜨레야 델 마르 f 불가사리

□ **alga** 알가 f 김

□ **escama** 에스까마 f (물고기의) 비늘

□ **aleta dorsal** 알레따 도르살 f 등지느러미

□ **agalla** 아가야 f 아가미

□ **aleta** 알레따 f 물갈퀴, 지느러미

frutas 프루따스 **과일**

□ **limón** 리몬 m 레몬

El limón tiene mucho acido cítrico.

엘 리몬 띠에네 무쵸 아시도 씨뜨리꼬.
레몬에는 구연산이 많대요.

□ **sandía** 산디아 f 수박

Me comería un trozo de sandia fría.

메 꼬메리아 운 뜨로쏘 데 산디아 프리아.
시원한 수박 한 조각 먹었으면….

□ **manzana** 만싸나 f 사과

□ **melocotón**
멜로꼬똔 m 복숭아

□ **uva** 우바 f 포도

□ **pera** 뻬라 f 배

□ **mandarina**
만다리나 f 귤

□ **fresa** 프레사 f 딸기

1 인간
2 가정
3 수
4 도시
5 교통
6 업무
7 쇼핑
8 스포츠 · 취미
9 자연

□ **plátano**

쁠**라**따노 [m] 바나나(=banana)

La banana es una fruta que
se pudre rápido.
라 바나나 에스 우나 프루따 께 세 뿌드레
라삐도.
바나나는 정말 빨리 변하는 과일이다.

□ **albaricoque** 알바리**꼬**께 [m] 살구

Me voy a comer un pan de
molde untado con mermelada de
albaricoque.
메 보이 아 꼬메르 운 빤 데 몰데 운따도 꼰 메르멜
라다 데 알바리꼬께.
식빵에 살구잼을 발라 먹어야겠다.

□ **naranja**

나**랑**하 [f] 오렌지

□ **sharon** 샤론 [m] 감

□ **piña** 삐냐 [f] 파인애플

□ **cacahuete**

까까우**에**떼 [m] 땅콩

□ **nuez** 누에스 [f] 호두

□ **castaña** 까스**따**냐 [f] 밤

1 인간

2 가정

3 수

4 도시

5 교통

6 업무

7 쇼핑

8 스포츠 취미

9 지요

관련 단어

- ☐ ciruela 씨루엘라 f 자두
- ☐ kiwi 끼위 m 키위
- ☐ granada 그라나다 f 석류
- ☐ higo 이고 m 무화과

- ☐ almendra 알멘드라 f 아몬드
- ☐ piñón 삐뇬 m 잣
- ☐ pasa 빠사 f 건포도

Diálogo

A: Las ciruelas van bien para el estreñimiento.
라스 씨루엘라스 반 비엔 빠라 엘 에스뜨레니미엔또.
자두가 변비에 좋은 과일이래.

B: ¿Sí? Yo pensaba solo la manzana.
시? 요 뻰사바 솔로 라 만싸나.
그래? 난 사과만 생각했는데.

A: Cual quiera fruta puede ser buena.
꾸알 끼에라 프루따 뿌에데 세르 부에나.
하긴 과일이라면 거의 다 좋겠지.

planta 쁠란따 식물

□ hoja
오하 f 잎

□ rama
라마 f 나뭇가지

□ anillo anual
아니요 아누알 m 나이테

□ corteza
꼬르떼싸 f 나무 껍질

□ tronco
뜨롱꼬 m 나무 줄기

□ fruto
프루또 m 열매

La bellota es un fruto del roble
라 베요따 에스 운 프루또 델 로블레.
도토리는 떡갈나무의 열매란다.

□ raíz
라이스 f 나무 뿌리

□ semilla
세미야 f 씨앗

□ brote
브로떼 m 싹, 봉오리

□ tallo
따요 m 줄기

□ gingo 힝고 ⓜ 은행나무

□ roble 로블레 ⓜ 떡갈나무

□ palmera 빨메라 ⓕ 야자수

□ pino 삐노 ⓜ 소나무

관련 단어

□ sauce 사우쎄 ⓜ 버드나무

□ bambú 밤부 ⓜ 대나무

□ castaño 까스따뇨 ⓜ 밤나무

□ plátano 쁠라따노 ⓜ 플라타너스

□ álamo 알라모 ⓜ 포플러

□ arce 아르쎄 ⓜ 단풍나무

1 인간
2 가정
3 수
4 도시
5 교통
6 업무
7 쇼핑
8 스포츠·취미
9 자연

flores 플로레스 꽃

☐ **rosa** 로사 f 장미

☐ **lirio** 리리오 m 백합

☐ **girasol** 히라솔 m 해바라기

☐ **iris** 이리스 m 붓꽃

☐ **violeta**
비올레따 f 제비꽃

☐ **gipsófila**
깁소필라 f 안개꽃

☐ **diente de león**
디엔떼 데 레온 m 민들레

☐ **campañillas**
깜빠**니**야스 mpl 나팔꽃

☐ **orquídea**
오르**끼**데아 f 난초

□ **tulipa** 뚤리빠 f 튤립

Si dices tulipán me viene
a la idea Holanda.
시 디세스 뚤리빤 메 비에네 아 라
이데아 올란다.
튤립 하면 네덜란드가 생각난다.

□ **crisantemo**
끄리산떼모 m 국화

Las clases de crisantemo
son muy variadas.
라스 끌라세스 데 끄리산떼모 손
무이 바리아다스.
국화의 종류도 무척 다양하다.

□ **loto**
로또 m 연꽃

□ **azalea**
아쌜레아 f 진달래

□ **cactus**
깍뚜스 m 선인장

🔵 **관련 단어**

□ **cosmos** 꼬스모스 m 코스모스

□ **forsitia** 포르시띠아 f 개나리

□ **peonía** 뻬오니아 f 모란

□ **carrizo** 까리쏘 m 갈대, 억새

□ **hierba** 이에르바 f 잡초

□ **polen** 뽈렌 m 꽃가루

□ **pétalo** 뻬딸로 m 꽃잎

□ **botón** 보똔 m 꽃봉오리

□ **lenguaje de las flores** 렝구아헤 데 라스 플로레스 m 꽃말

1 인간
2 가정
3 수
4 도시
5 교통
6 업무
7 쇼핑
8 스포츠·취미
9 자연

hortalizas 오르딸리싸스 **채소**

□ nabo 나보 ⓜ 무

□ pepino

삐삐노 ⓜ 오이

□ zanahoria 싸나오리아 ⓕ 당근

¿Sabías que a los caballos les
gusta la zanahoria?

사비아스 께 아 로스 까바요스 레스 구스따
라 싸나오리아?

말이 당근 좋아하는 거 알지?

□ ajo

아호 ⓜ 마늘

□ cebolleta

쎄보예따 ⓕ 파

□ cebolla 쎄보야 ⓕ 양파

□ patata

빠따따 ⓕ 감자

□ judía

후디아 ⓕ 콩

□ espinaca 에스삐나까 ⓕ 시금치

¿De verdad a Popeye le gustaban las
espinacas?

데 베르닫 아 뽀뻬에 레 구스따반 라스 에스삐나까스?

뽀빠이는 정말 시금치를 좋아했을까?

□ boniato

보니아또 ⓜ 고구마

☐ **lechuga** 레추가 🄼 양상추

☐ **seta**
세따 🄵 버섯

☐ **calabaza**
깔라**바**싸 🄵 호박

☐ **pimienta**
삐미**엔**따 🄵 피망

☐ **tomate** 또마떼 🄼 토마토

No importa si el tomate es una
fruta o un vegetal.
노 임뽀르따 시 엘 또마떼 에스 우나 프루따 오
운 베헤딸.
토마토가 채소인가 과일인가는 중요하지 않아.

☐ **guindilla**
긴**디**야 🄼 고추

La guindilla pequeña
pica mucho.
리 긴디야 뻬께냐 삐까 무쵸.
작은 고추가 정말 맵네.

관련 단어

☐ **col** 꼴 🄵 양배추

☐ **brócoli** 브로꼴리 🄼 브로콜리

☐ **berenjena** 베렝**헤**나 🄵 가지

☐ **raíz de loto** 라이스 데 **로**또 🄵 연근

☐ **soja** 소하 🄵 콩나물

☐ **jengibre** 헹히브레 🄼 생강

1 인간
2 가정
3 수
4 도시
5 교물
6 업무
7 소핑
8 스포츠·취미
9 지연

paisaje 빠이사헤 풍경

□ **lago**
라고 m 호수

□ **cascada**
까스**까**다 f 폭포

□ **valle**
바예 m 계곡

□ **meseta**
메**세**따 f 고원

□ **colina**
꼴**리**나 f 언덕, 구릉

□ **cueva**
꾸**에**바 f 동굴

□ **rio**
리오 m 강

□ **corriente**
꼬리**엔**떼 f 개울

□ **acantilado**
아깐띨**라**도 m 절벽

□ **ladera**
라**데**라 f (산)비탈

□ **bosque**
보스**께** m 숲

□ **prado**
쁘**라**도 m 초원

□ montaña
몬**따**냐 `f` 산

□ volcán
볼**깐** `m` 화산

□ roca
로까 `f` 바위

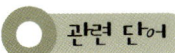
관련 단어

□ desierto 데시에르또 `m` 사막

□ horizonte 오리쏜떼 `m` 수평선, 지평선

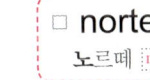
□ norte
노르떼 `m` 북

□ oeste
오에스떼 `m` 서

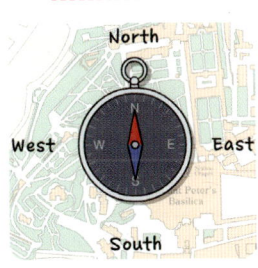

□ este
에스떼 `m` 동

□ sur
수르 `m` 남

1 인간

2 가정

3 수

4 도시

5 교통

6 업무

7 쇼핑

8 스포츠·취미

9 지역

tiempo 띠엠뽀 날씨

□ dia soleado
디아 솔레아도 **맑은 날**

□ nube
누베 [m] **구름**

□ viento
비엔또 [m] **바람**

□ lluvia 유비아 [f] **비**
□ inundación
이눈다씨온 [f] **홍수**

□ nieve
니에베 [f] **눈**

□ arco iris
아르꼬 이리스 [m] **무지개**

□ relámpago
렐람빠고 [m] **번개**

□ niebla
니에블라 [f] **안개**

□ carámbano
까람바노 [m] **고드름**

1 인간

2 가정

3 수

4 도시

5 교통

6 업무

7 쇼핑

8 스포츠·취미

관련 단어

- □ **cielo** 씨엘로 [m] 하늘
- □ **aguanieve** 아구아니에베 [f] 진눈깨비
- □ **granizo** 그라니쏘 [m] 우박
- □ **chubasco** 츄바스꼬 [m] 소나기
- □ **escarcha** 에스까르차 [f] 서리
- □ **hielo** 이엘로 [m] 얼음
- □ **tormenta** 또르멘따 [f] 폭풍우
- □ **truenos** 뜨루에노스 [mpl] 천둥
- □ **sequía** 세끼아 [f] 가뭄

- □ **de sol** 데 솔 햇볕이 쬐는
- □ **nublado** 누블라도 구름 낀
- □ **despejado** 데스뻬하도 맑은
- □ **húmedo** 우메도 습도 높은
- □ **de niebla** 데 니에블라 안개 낀(=nebuloso)
- □ **de viento** 데 비엔또 바람 부는(=ventoso)
- □ **lluvioso** 유비오소 비가 오는

Diálogo

A: ¿Qué tiempo hace hoy?
께 띠엠뽀 아세 오이?
오늘 날씨가 어떤가요?

B: Llueve.
유에베.
비가 오네요.

materiales 마떼리알레스 물질

□ **metal**
메**딸** ⓜ 금속

□ **petróleo**
뻬뜨롤레오 ⓜ 기름

□ **carbón**
까르**본** ⓜ 석탄

□ **tierra** 띠에라 ⓕ 토양

La tierra se está
contaminando poco a poco.
라 띠에라 세 에스따 꼰따미난도 뽀꼬 아 뽀꼬.
토양은 점점 오염되고 있다.

□ **electricidad**
엘렉뜨리시**닫** ⓕ 전기

Si no hubiésemos inventado la
electricidad.
시 노 우비에세모스 인벤따도 라 엘렉뜨리시닫.
전기가 발명되지 않았더라면….

□ **líquido**
리**끼**도 ⓜ 액체

□ **gas**
가스 ⓜ 기체

□ **sólido**
솔리도 ⓜ 고체

256

□ luz 루스 f 빛

□ fuego
푸에고 m 불

□ calor
깔로르 m 열

□ humo 우모 m 연기

Una vez el humo de las
chimeneas de las fábricas era un
símbolo de la modernización.

우나 베스 엘 우모 데 라스 치메네아스 데 라스 파
브리까스 에라 운 심볼로 데 라 모데르니싸씨온.
한때 공장 굴뚝의 연기는 근대화의 상징이었지.

□ agua 아구아 f 물

¿Se puede beber el agua
del grifo?

세 뿌에데 베베르 엘 아구아 델 그리포?
수돗물을 그냥 먹어도 되나요?

🔵 관련 단어

□ oro 오로 m 금

□ plata 쁠라따 f 은

□ bronce 브론쎄 m 동

□ hierro 이에로 m 철

□ vapor 바포르 m 증기

□ fuerza 푸에르싸 f 힘

1 인간

2 가정

3 수

4 도시

5 쇼핑

6 업무

7 쇼핑

8 스포츠·취미

9 지역

Unit 12

color 꼴로르 색

□ **negro**
네그로 ⓜ 검은색

□ **gris**
그리스 ⓜ 회색

□ **blanco**
블랑꼬 ⓜ 흰색

□ **rojo**
로호 ⓜ 빨간색

□ **azul** 이쑬 ⓜ 파란색

□ **amarillo**
아마리요 ⓜ 노란색

□ **marrón**
마론 ⓜ 갈색

□ **verde** 베르데 ⓜ 녹색

□ **morado**
모라도 ⓜ 보라색

□ rosa 로사 `f` 분홍색

□ naranja
나랑하 `f` 주황색

□ azul marino
이쑬 마리노 `m` 짙은 청색

□ marfil
마르필 `m` 상아색

□ beige 베이지 `m` 베이지색

¿Qué te parece la mujer que
llevaba un pantaln beige?
께 떼 빠레쎄 라 무헤르 께 예바바 운
빤딸론 베이지?
베이지색 바지 입은 저 여자 어때?

□ color de plata
꼴로르 데 쁠라따 `f` 은색

Es nueva la edificación
de color plateado.
에스 누에바 라 에디피까씨온 데 꼴로
르 쁠라떼아도.
저 은색 건물 새로 지었구나.

Diálogo

A: ¿Qué color le gusta?
께 꼴로르 레 구스따?
무슨 색깔을 좋아하세요?

B: Me gusta el negro.
메 구스따 엘 네그로.
검은색을 좋아해요.

1 인간
2 가정
3 수
4 도시
5 교통
6 업무
7 쇼핑
8 스포츠 취미
9 지역

espacio 에스빠씨오 우주

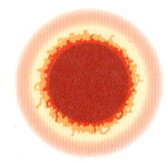

□ sol 솔 m 해, 태양

□ planeta 쁠라네따 f 행성, 혹성

□ estrella
에스뜨레야 f 별

□ luna
루나 f 달

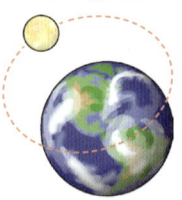

□ estrella fugaz
에스뜨레야 푸가스 f 유성

□ tierra 띠에라 f 지구

¿Cómo será el futuro
de la tierra?
꼬모 세라 엘 푸뚜로 데 라 띠에라?
지구의 미래는 어떻게 될까?

□ luna creciente
루나 끄레씨엔떼 f 초승달

□ media luna
메디아 루나 f 반달

□ luna llena
루나 예나 f 보름달

1 인간

2 가정

3 수

4 도시

5 교통

6 업무

7 쇼핑

8 스포츠 취미

9 지역

관련 단어

- □ **galaxia** 갈**락**시아 f 은하계
- □ **Venus** 베누스 m 금성
- □ **Mar** 마르 m 화성
- □ **vía láctea** 비아 **락**떼아 f 은하수
- □ **satélite** 사**뗄**리떼 m 인공위성
- □ **eclipse** 에끌**립**세 m 일식, 월식
- □ **tecnología** 떼끄놀루**히**아 f 과학 기술
- □ **astronomía** 아스뜨로노**미**아 f 천문학
- □ **astronauta** 아스뜨로**나**우따 mf 우주 비행사
- □ **nave espacial** 나베 에스빠시**알** f 우주 왕복선

Diálogo

A: ¿Habrá un OVNI? ¿Qué piensas?
아브라 운 옴니? 께 삐엔사스?
정말 UFO가 있을까? 넌 어떻게 생각해?

B: No lo se, puede ser que haya… no tengo ni idea.
노 로 세, 뿌에데 세르 께 아이아…노 뗑고 니 이데아.
글쎄, 있을 것 같기도 하고…. 잘 모르겠어.

A: Creo que habrá. Hay varios rastros.
끄레오 께 아브라. 아이 바리오스 라스뜨로스.
있을 거 같아. 여러 가지 증거들도 있잖아.

tierra 띠에라 지구

□ tierra
띠에라 f 육지, 땅

□ océano
오쎄아노 m 대양

□ mar
마르 m 바다

□ continente
꼰띠넨떼 m 대륙

□ isla
이슬라 f 섬

□ cordillera
꼬르디예라 f 산맥

□ península
뻬닌술라 f 반도

□ polar norte
뽈라르 노르떼 f 북극

□ polar sur
뽈라르 수르 f 남극

□ longitud
롱히뚣 f 경도

□ latitud
라띠뚣 f 위도

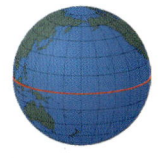

□ ecuador
에꾸아도르 m 적도

□ atmosfera
아뜨모스페라 f 대기

□ desierto
데시에르또 m 사막

□ canal 까날
m 해협(=estrecho)

관련 단어

□ el calentamiento global 엘 깔렌따미엔또 글로발 m 온난화

□ Iceberg 아이스베르그 m 빙산

□ terremoto 떼레모또 m 지진

□ oxígeno 옥시헤노 m 산소

□ órbita 오르비따 f 궤도

1 인간

2 가정

3 수

4 도시

5 교통

6 업무

7 쇼핑

8 스포츠·취미

9 지역

posición • dirección
뽀시씨온 · 디렉씨온 **위치·방향**

□ **dentro** 덴뜨로 안

Ella despidió a su marido dentro de la casa.
에야 데스뻬디오 아 수 마리도 덴뜨로 데 라 까사.
그녀는 남편을 집 안에서 배웅했다.

□ **fuera**
푸에라 **밖**

□ **izquierda** ⟷ □ **derecha**
이쯔끼에르다   데레차 **오른쪽**
왼쪽

□ **centro** 쎈뜨로 가운데

La flecha voló y se clavó en el centro de la diana.
라 플레차 볼로 이 세 끌라보 엔 엘 쎈뜨로 데 라 디아나.
화살이 날아와 과녁 가운데 박혔다.

□ **al lado de**
알 **라**도 데 **옆**

El perro está durmiendo a lado de la caseta.
엘 뻬로 에스따 두르미엔도 아 라도 데 라 까세따.
개집 옆에서 개가 졸고 있다.

□ **delante de** ⟷ □ **detrás de**
데란떼 데 **~의 앞에**   데뜨라스 데 **~뒤에**

□ **desde la casa**
데스데 라 **까**사 집으로부터

□ **hasta la estación** 아스따 라 에스따씨온 역까지

□ **enfrente** 엔프렌떼 건너편에

□ **medio**
메디오 사이에

□ **encima de**
엔**씨**마 데 ～위에

□ **debajo de**
데**바**호 데 ～아래

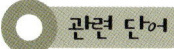
관련 단어

□ **cerca** 쎄르까 가까운 ↔ **lejos** 레호스 먼

□ **arriba** 아리바 위로 ↔ **abajo** 아바호 아래로

1 인간
2 가정
3 수
4 도시
5 교통
6 업무
7 쇼핑
8 스포츠·취미
9 지역

antónimo 안또니모 **반대말**

□ **grande** 그란데 크다 ↔ □ **pequeño** 뻬께뇨 작다

□ **brillante** 브리얀떼 밝다 ↔ □ **oscuro** 오스꾸로 어둡다

□ **alto** 알또 높다 ↔ □ **bajo** 바호 낮다

□ **nuevo** 누에보 새로운 ↔ □ **viejo** 비에호 낡은

Las cosas viejas no son peores que las nuevas.
라스 꼬사스 비에하스 노 손 뻬오레스 께 라스 누에바스.
낡은 것이 새로운 것보다 나쁜 것은 아니다.

□ **ligero** 리헤로 가볍다 ↔ □ **pesado** 뻬사도 무겁다

□ **ancho** 안초 넓다 ↔ □ **estrecho** 에스뜨레초 좁다

□ **rápido** 라삐도 빠르다 ↔ □ **lento** 렌또 느리다

Sea rápido o lento hacer nuestra labor es correcto.
세아 라삐도 오 렌또 아세르 누에스뜨라 라보르 에스 꼬렉또.
좀 느리든 빠르든 자기 할 일을 하면 되겠지.

□ **bueno** 부에노 좋은 ↔ □ **malo** 말로 나쁜

1 인간
2 가정
3 수
4 도시
5 교통
6 업무
7 쇼핑
8 스포츠·취미
9 자연

□ **hermoso** 에르모소 아름답다 ⟷ □ **feo** 페오 추하다

Mira las flores, las cosas hermosas se envejecen tarde o temprano.

미라 라스 플로레스! 라스 꼬사스 에르모사스 세 엔베헤센 따르데 오 뗌쁘라노.
꽃을 봐. 아름다운 것도 언젠가는 추해지는 거야.

□ **apretado** 아쁘레따도 팽팽한 ⟷ □ **flojo** 플로호 느슨한

□ **afilado** 아필라도 예리하다 ⟷ □ **desafilado** 데사필라도 둔하다

□ **limpio** 림삐오 깨끗한 ⟷ □ **sucio** 수씨오 더러운

□ **abierto** 아비에르또 열린 ↔ □ **cerrado** 쎄라도 닫힌

¿Por qué estás abriendo y cerrando la ventana todo el rato? Me estas poniendo nervioso.

뽀르 께 에스따스 아브리엔도 이 쎄란도 라 벤따나 또도 엘 라또? 메 에스따스 뽀니엔도 네르비오소.

창문을 왜 자꾸 열었다 닫았다 하는 거니? 신경쓰이게.

□ **seco** 세꼬 건조한 ↔ □ **mojado** 모하도 젖은

□ **lleno** 예노 가득한 ↔ □ **vacio** 바씨오 텅 빈

□ **día** 디아 낮 ↔ □ **noche** 노체 밤

1 인간
2 가정
3 수
4 도시
5 교통
6 업무
7 쇼핑
8 스포츠·취미
9 자연

☐ **diligente** ⟷ ☐ **perezoso**

딜리헨떼 부지런한   뻬레쏘소 게으른

☐ **rico** ⟷ ☐ **pobre**

리꼬 부유한   뽀브레 가난한

☐ **ataque** ⟷ ☐ **defensa**

아**따**께 공격   데**뻰**사 방어

Él tiene dos armas una lanza para atacar y un escudo para defender.

엘 띠에네 도스 아르마스, 우나 란싸 빠라 아따까르 이 운 에스꾸도 빠라 데뻰데르.
그는 공격하는 창과 방어하는 방패를 둘 다 가진 사람이다.

☐ **casado** ⟷ ☐ **soltero**

까**사**도 결혼한   솔**떼**로 미혼의

1 인간

2 가정

3 수

4 도시

5 교통

6 업무

7 쇼핑

8 스포츠·취미

9 지역

관련 단어

□ **alto** 알또 키가 크다

　　　↔ □ **bajo** 바호 키가 작다

□ **gordo** 고르도 뚱뚱하다

　　　↔ □ **delgado** 델가도 마르다, 여위다

□ **frio** 프리오 춥다

　　　↔ □ **calor** 깔로르 덥다

□ **feliz** 펠리쓰 행복한

　　　↔ □ **triste** 뜨리스떼 슬픈

□ **querer** 께레르 좋아하다

　　　↔ □ **odiar** 오디아르 싫어하다

□ **mucho** 무초 많다

　　　↔ □ **poco** 뽀꼬 적다

□ **magnifico** 마그니피꼬 화려하다

　　　↔ □ **modesto** 모데스또 소박하다

□ **fuerte** 푸에르떼 강한

　　　↔ □ **flojo** 플로호 약한

□ **comienzo** 꼬미엔쏘 시작

　　　↔ □ **fin** 핀 끝

나라 이름·수도 이름 및 인구

아시아 Asia 아시아

□ 네팔 Nepal 네빨
　　□ 카트만두 Katmandú 가트만두 　　　　2,474만

□ 대만 Taiwan 따이완
　　□ 타이베이 Taipei 따이뻬이 　　　　2,268만

□ 라오스 Laos 라오스
　　□ 비엔티안 Vientiane 비엔띠아네 　　　560만

□ 레바논 Líbano 리바노
　　□ 베이루트 Beirut 베이루트 　　　　440만

□ 말레이시아 Malasia 말라시아
　　□ 쿠알라룸푸르 Kuala Lumpur 꾸알라 룸뿌르 　2,500만

□ 몽골 Mongolia 몽골리아
　　□ 울란바토르 Ulan Bator 울란 바또르 　250만

□ 미얀마 Myanmar 미얀마르
　　□ 네피도 Nepido 네삐도 　　　　5,217만

□ 방글라데시 Bangladesh 방글라데시
　　□ 다카 Dhaka 다까 　　　　1억3,810만

□ 베트남 Vietnam 비에뜨남
　　□ 하노이 Hanoi 하노이 　　　　8,206만

□ 북한 Corea del Norte 꼬레아 델 노르떼
　　□ 평양 Pyongyang 뺭양 　　　　2,250만

1 인간

2 가정

3 수

4 도시

5 고용

6 업무

7 쇼핑

8 스포츠·취미

9 지역

☐ 사우디아라비아 Arabia Saudita 아라비아 사우디따
   ☐ 리야드 Riad 리얀   2,400만

☐ 스리랑카 Sri Lanka 스리 랑까
   ☐ 콜롬보 Colombo 콜롬보   1,990만

☐ 시리아 Siria 시리아
   ☐ 다마스쿠스 Damasco 다마스꼬   1,820만

☐ 싱가포르 Singapur 싱가푸르
   ☐ 싱가포르 Singapur 싱가푸르   420만

☐ 아프가니스탄 Afganistán 아프가니스딴
   ☐ 카불 Kabul 까불   2,510만

☐ 예멘 Yemen 예멘
   ☐ 사나 Sana 사나   1,970만

☐ 우즈베키스탄 Uzbekistán 우스베끼스딴
   ☐ 타슈켄트 Iashkent 따스껜뜨   2,560만

☐ 이라크 Irak 이락
   ☐ 바그다드 Bagdad 바그닫   2000만

☐ 이란 Irán 이란
   ☐ 테헤란 Teherán 떼에란   6,800만

☐ 이스라엘 Israel 이스라엘
   ☐ 예루살렘 Jerusalén 헤루살렌   688만

☐ 인도 La India 라 인디아
   ☐ 뉴델리 Nueva Delhi 누에바 델리 10억2,700만

☐ 인도네시아 Indonesia 인도네시아
   ☐ 자카르타 Yakarta 야까르따   2억1천만

□ 일본 Japón 하뽄
　□ 도쿄 Tokio 또끼오   1억2천만

□ 중국 China 치나
　□ 베이징 Beijing 베이힝   12억9천만

□ 카자흐스탄 Kazajstán 카싸스딴
　□ 아스타나 Astana 아스따나   1,490만

□ 캄보디아 Camboya 깜보야
　□ 프놈펜 Phnom Penh 프놈 뺀   1,300만

□ 태국 Tailandia 따일란디아
　□ 방콕 Bangkok 방콕   6,197만

□ 터키 Turquía 뚜르끼아
　□ 앙카라 Ankara 앙까라   6,700만

□ 파키스탄 Pakistán 빠끼스딴
　□ 이슬라마바드 Islamabad 이슬라마받   1억4,872만

□ 필리핀 Filipinas 필리피나스
　□ 마닐라 Manila 마닐라   8,150만

□ 한국 Corea del Sur 꼬레아 델 수르
　□ 서울 Seúl 세울   4,850만

유럽 Europa 에우로빠

□ 그리스 Grecia 그레시아
　□ 아테네 Atenas 아떼나스   1,094만

274

□ 네덜란드 **Países Bajos** 빠이세스 바호스 　□ 암스테르담 **Ámsterdam** 암스떼르담		1,620만
□ 노르웨이 **Noruega** 노루에가 　□ 오슬로 **Oslo** 오슬로		457만
□ 덴마크 **Dinamarca** 디나마르까 　□ 코펜하겐 **Copenhague** 코뻰아게		540만
□ 독일 **Alemania** 알레마니아 　□ 베를린 **Berlín** 베르린		8,250만
□ 러시아 **Rusia** 루시아 　□ 모스크바 **Moscú** 모스꾸		1억4,350만
□ 루마니아 **Rumania** 루마니아 　□ 부쿠레슈티 **Bucarest** 부까레스트		2,190만
□ 룩셈부르크 **Luxemburgo** 룩셈부르고 　□ 룩셈무르크 **Luxemburgo** 룩셈무르끄		45만
□ 벨기에 **Bélgica** 벨기까 　□ 브뤼셀 **Bruselas** 브루셀라스		1,030만
□ 스웨덴 **Suecia** 수에씨아 　□ 스톡홀름 **Estocolmo** 에스또꼴모		901만
□ 스위스 **Suiza** 수이싸 　□ 베른 **Berna** 베르나		739만
□ 스페인 **España** 에스빠냐 　□ 마드리드 **Madrid** 마드릳		4,269만
□ 아일랜드 **Irlanda** 일란다 　□ 더블린 **Dublín** 두블린		392만

1 인간
2 가정
3 수
4 도시
5 교통
6 업무
7 쇼핑
8 스포츠·취미
9 지역

□ 영국 Reino Unido 레이노 우니도
  □ 런던 Londres 론드레스
5,923만

□ 오스트리아 Austria 아우스뜨리아
  □ 빈 Vaciar 바씨알
810만

□ 우크라이나 Ucrania 우크라니아
  □ 키예프 Kiev 끼에브
4,660만

□ 이탈리아 Italia 이딸리아
  □ 로마 Roma 로마
5,700만

□ 체코 República Checa 레뿌브리까 체까
  □ 프라하 Praga 쁘라가
1,000만

□ 포르투갈 Portugal 뽀르뚜갈
  □ 리스본 De Lisboa 데 리스보아
1,053만

□ 폴란드 Polonia 뽈로니아
  □ 바르샤바 Varsovia 바르소비아
3,830만

□ 프랑스 Francia 프란시아
  □ 파리 París 빠리스
6,168만

□ 핀란드 Finlandia 핀란디아
  □ 헬싱키 Helsinki 엘싱끼
524만

□ 헝가리 Hungría 웅그리아
  □ 부다페스트 Budapest 부다뻬스뜨
1,009만

아프리카 África 아프리까

	□ 가나 Ghana 가나 　□ 아크라 Accra 아끄라	2,090만
	□ 나이지리아 Nigeria 니헤리아 　□ 아부자 Abuja 아부하	1억3500만
	□ 남아프리카공화국 Sudáfrica 수다프리까 　□ 프리토리아 Pretoria 쁘레또리아	4,483만
	□ 모로코 Marruecos 마루에꼬쓰 　□ 라바트 Rabat 라바트	3,008만
	□ 수단 Sudán 수단 　□ 하르툼 Jartum 하르뚬	3,361만
	□ 알제리 Argelia 아르헬리아 　□ 알제 Argel 아르헬	3,180만
	□ 에티오피아 Etiopía 에띠오삐아 　□ 아디스아바바 Addis Abeba 안디스 아베바	7,000만
	□ 우간다 Uganda 우간다 　□ 캄팔라 Kampala 깜빨라	2,590만
	□ 이집트 Egipto 에힙또 　□ 카이로 El Cairo 엘 까이로	6,920만
	□ 케냐 Kenya 께냐 　□ 나이로비 Nairobi 나이로비	3,240만
	□ 탄자니아 Tanzania 딴싸니아 　□ 다르에스살람 Dar es Salaam 다르 에스 살라암	3,520만

1 인간
2 가정
3 수
4 도시
5 교통
6 업무
7 쇼핑
8 스포츠 · 취미
9 지역

오세아니아 Oceanía 오쎄아니아

□ 뉴질랜드 Nueva Zelanda 누에바 쎄란다
　□ 웰링턴 Wellington 웰링똔　　　　403만

□ 후주 Australia 아우스뜨랄리아
　□ 캔버라 Canberra 깐베라　　　　1,900만

아메리카 América 아메리까

□ 멕시코 México 멕히꼬
　□ 멕시코시티 Ciudad de México 씨우닫 데 멕히꼬　　1억350만

□ 미국 Estados Unidos 에스따도스 우니도스
　□ 워싱턴 Washington 와싱똔　　　　3억1백만

□ 베네수엘라 Venezuela 베네쑤엘라
　□ 카라카스 Caracas 까라까스　　　　2,500만

□ 브라질 Brasil 브라실
　□ 브라질리아 Brasilia 브라실리아　　　　1억8천만

□ 아르헨티나 Argentina 아르헨띠나　　　　3,810만
　□ 부에노스아이레스 Buenos Aires 부에노스 아이레스

□ 칠레 Chile 칠레
　□ 산티아고 Santiago 싼띠아고　　　　1,596만

□ 캐나다 Canadá 까나다
　□ 오타와 Ottawa 오따와　　　　3,000만

□ 콜롬비아 Colombia 꼴롬비아
  □ 보고타 Bogotá 보고따   4,400만

□ 쿠바 Cuba 꾸바
  □ 아바나 La Habana 라 아바나   1,100만

□ 페루 Perú 뻬루
  □ 리마 Lima 리마   2,700만

관련 단어

□ mundo 문도 ⓜ 세계
□ país 빠이스 ⓜ 나라, 국가
□ ciudadano/a 씨우다다노/나 시민, 국민(=pueblo)
□ populación 뽀뿔라시온 ⓕ 인구
□ capital 까삐딸 ⓕ 수도
□ ciudad 시우딷 ⓕ 도시
□ pueblo 뿌에블로 ⓜ 마을
□ pueblo natal 뿌에블로 나딸 ⓜ 고향
□ cultura 꿀뚜라 ⓕ 문화

□ un país independiente 운 빠이스 인데뻰디엔떼 ⓜ 독립국
□ república 레뿌블리까 ⓕ 공화국
□ reino 레이노 ⓜ 왕국

□ país desarrollado 빠이스 데사로야도 ⓜ 선진국
□ país en desarrollo 빠이스 엔 데사로요 ⓜ 개발도상국
□ país subdesarrollado 빠이스 숩데사로야도 ⓜ 후진국

1 인간

2 가정

3 수

4 도시

5 고향

6 업무

7 쇼핑

8 스포츠 취미

9 지역

1 다음 단어를 스페인어 혹은 우리말로 고쳐 보세요.

a) 얼룩말 _____   코끼리 _____

뱀 _____   호랑이 _____

사슴 _____

b) 백조 _____   golondrina _____

독수리 _____   부엉이 _____

grulla _____

2 다음 그림과 단어를 연결해 보세요.

saltamontes   luciérnaga   libélula   araña   mariposa

3 다음 보기에서 단어를 골라 빈칸에 써넣어 보세요.

a) langostino ballena atún carpa tiburón salmón

b) pasa higo nuez melocotón cacahuete fresa

c) bambú roble brote pino semilla hoja

d) violeta   orquídea   loto   girasol   diente de león

a) 참치 _____   새우 _____   연어 _____

  잉어 _____   상어 _____   고래 _____

b) 호두 _____   무화과 _____   딸기 _____

  복숭아 _____   땅콩 _____   건포도 _____

c) 잎 _____   싹 _____   씨앗 _____

  떡갈나무 _____   대나무 _____   소나무 _____

d) 해바라기 _____   민들레 _____   제비꽃 _____

  난초 _____   연꽃 _____

4 다음 그림과 단어를 연결해 보세요.

zanahoria   guindilla   pepino   seta   ajo

5 다음 단어를 스페인어 혹은 우리말로 고쳐 보세요.

a) 호수 _____   언덕 _____

  acantilado _____   숲 _____

roca _____   북쪽 _____

b) 눈 _____   nube _____

하늘 _____   viento _____

얼음 _____   비 _____

c) 기름 _____   electricidad _____

불 _____   빛 _____

agua _____   기체 _____

d) 회색 _____   amarillo _____

갈색 _____   녹색 _____

marfil _____   rosa _____

e) 해 _____   tierra _____

달 _____   보름달 _____

별 _____   vía láctea _____

f) 섬 _____   육지 _____

desierto _____   해협 _____

ecuador _____   바다 _____

6 다음 빈칸에 알맞은 스페인어를 써넣어 보세요.

a) 밖으로 나가자. Vamos a _____.

b) 집에서부터 역까지 _____ casa _____ la estación

c) 바다 밑에서 _____ de mar

7 다음 빈칸에 알맞은 스페인어 혹은 우리말을 써넣어 보세요.

a) grande 크다 — _____ 작다

   brillante _____ — _____ 어둡다

b) _____ 넓다 — estrecho _____

   feliz 행복한 — _____ 슬픈

c) _____ 깨끗한 — _____ 더러운

   rico 부유한 — _____ 가난한

8 다음을 우리말로 고쳐 보세요.

a) Tailandia _____   Tokio _____

   Australia _____   China _____

   Nueva Delhi _____   Turquía _____

b) Estados Unidos _____

   Reino unido _____   Alemania _____

   Italia _____   París _____

   Moscú _____

c) mundo _____   capital _____

   cultura _____   ciudadano _____

   país _____   pueblo _____

1 a) cebra   elefante   serpiente   tigre   ciervo
   b) cisne   제비   águila   búho   학

2 거미 – araña   잠자리 – libélula   나비 – mariposa
   메뚜기 – saltamontes   개똥벌레 – luciérnaga

3 a) atún   langostino   salmón   carpa   tiburón   ballena
   b) nuez   higo   fresa   melocotón   cacahuete   pasa
   c) hoja   brote   semilla   roble   bambú   pino
   d) girasol   diente de león   violeta   orquídea   loto

4 오이 – pepino   마늘 – ajo   당근 – zanahoria
   버섯 – seta   고추 – guindilla

5 a) lago   colina   절벽   bosque   바위   norte
   b) nieve   구름   cielo   바람   hielo   lluvia
   c) petróleo   전기   fuego   luz   물   gas
   d) gris   노란색   marrón   verde   상아색   분홍색
   e) sol   지구   luna   luna llena   estrella   은하수
   f) isla   tierra   사막   canal   적도   mar

6 a) fuera
   b) desde   hasta
   c) abajo

7 a) pequeño   밝다   oscuro
   b) ancho   좁다   triste
   c) limpio   sucio   pobre

8 a) 태국   도쿄   호주   중국   뉴델리   터키
   b) 미국   영국   독일   이탈리아   파리   모스크바
   c) 세계   수도   문화   국민   국가   마을

Index

한글 색인

스페인어 색인

● Theme 9의 unit 17 **나라 이름·수도 이름 및 인구** 부분과 diálogo 부분 등은
색인에서 제외하였습니다.

한글 색인

한글 색인

스페인어 색인

ㅂ

ㅇ

한글 색인

스페인어 색인

한글 색인

스페인어 색인

ㅊ

312

ㅋ

한글 색인

스페인어 색인

스페인어 색인

로마 색인

스페인어 색인

c

d

스페인어 색인

f

g

j

스페인어 색인

n

o

p

찾아 보기

스페인어 찾아보기

색인

스페인어 색인

u

351

w

y

z

웹하드에서
mp3 파일 다운 받는 방법

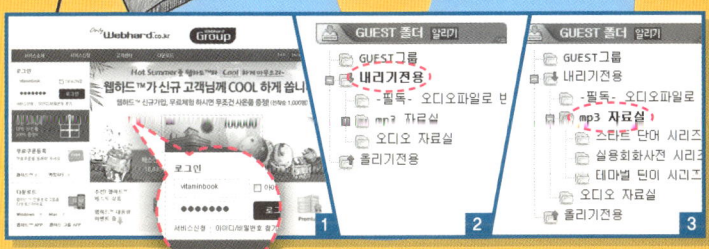

🔊 다운 방법

🔻

| STEP 01 | 웹하드 (www.webhard.co.kr) 에 접속
아이디 (vitaminbook) 비밀번호 (vitamin) 로그인 클릭 |

🔻

| STEP 02 | 내리기전용 클릭 |

🔻

| STEP 03 | Mp3 자료실 클릭 |

🔻

| STEP 04 | 테마별 회화 스페인 단어 2300 클릭하여 다운 |

한 번만 봐도 기억에 남는
테마별 회화 스페인단어 2300

초판 10쇄 발행 ┊ 2023년 3월 30일

엮은이 ┊ 박선경
그린이 ┊ 김만영, 최 혁
디자인 ┊ 이재민
펴낸이 ┊ 박영진
제 작 ┊ 선경프린테크

펴낸곳 ┊ Vitamin Book
등 록 ┊ 제318-2004-00072호
주 소 ┊ 07251 서울특별시 영등포구 영신로 40길 18 윤성빌딩 405호
전 화 ┊ 02) 2677-1064
팩 스 ┊ 02) 2677-1026
이메일 ┊ vitaminbooks@naver.com
웹하드 ┊ ID vitaminbook   PW vitamin

©2011 Vitamin Book

ISBN 978-89-92683-37-1 (13770)

잘못 만들어진 책은 바꿔드립니다.